그게,
나르시시스트
맞아

THE
NARCISSISM
RECOVERY
WORKBOOK

브렌다 스티븐스 지음
양소하 옮김

THE NARCISSISM RECOVERY WORKBOOK

Copyright © 2021 BY Rockridge Press, Emeryville, CaliforniaFirst Published in English by Rockridge Press, an imprint of Callisto Media, Inc.Korean translation copyright © 2023 by Editory

이 책의 한국어판 저작권은 대니홍 에이전시를 통한 저작권사와의 독점 계약으로 에디토리에 있습니다. 신저작권법에 의해 한국 내에서 보호를 받는 저작물이므로 무단전재와 복제를 금합니다.

"내 아이들, 엘리사와 이안에게.
너희는 내 전부란다."

들어가는 말

•

함부로 하는 사람을
만났을 때 내 감정과
본능을 믿으세요

•

　　　　　　　이 워크북을 펼친 여러분을 환영합니다. 고통스러운 기억을 마주하는 데는 용기가 필요하죠? 마음 회복을 위해 용기 내어 첫발을 내디딘 걸 축하합니다. 부디 스스로에게 자부심을 느끼기 바라요.

　저는 나르시시즘, 즉 자아도취적 학대Narcissistic Abuse로부터 피해받은 이들이 상처를 회복할 수 있도록 돕는 공인 전문 임상 상담사 브렌다 스티븐스입니다. 다른 치료사들이 이 독특하고 음흉한 유형의 학대를 인지하고 이해하도록 훈련하는 일도 하죠. 이 책에는 제가 상담사로 활동하며 쌓은 나르시시스트에 관한 전문 지식뿐 아니라 제 개인적 경험도 담겨 있습니다. 여기에 대해서는 뒤에서 더 많이 이야기하겠습니다.

　많은 내담자들이 나르시시스트로부터 받은 고통을 말로 표현하기 어려워합니다. 이 때문에 주변 사람들은 그게 얼마나 힘겨운 일인지 이해하지 못하고, 그런 인식 부족 속에서 피해자들은 더욱 외로움을 느끼고 있죠. 그래서 같은 피해를 겪어본 동지가 없이는 회복의 여정이 고독한 추격처럼 느껴지기도 합니다. 이 책은 그런 피해자에게 당신은 혼자가 아니라는 사실을 알리고자 탄생했습니다. 생각보다 많은 사람이 나르시시스트에게 정서적 학대를 경험했으며, 앞으로는 보다 많은 이들이 자아도취적 학대가 무엇인지 알게 될 것이란 사실을 꼭 기억하세요.

자아도취는 연속성이 있는 데이터에서 뽑아낸 값, 즉 스펙트럼에 따라 판단됩니다. 나르시시스트라는 단어와 어울리지 않는, 수줍음 많고 자기비하적 성향 Self-deprecating-traits 을 지닌 은밀한 나르시시스트도 있듯이요. 또한 나르시시스트들은 이타적이고 너그러워 보이지만 알고 보면 타인에게 관심을 주는 척, 칭찬해주는 척하여 동기 부여를 해주는 방식으로 한 집단을 장악해버리기도 하죠. 그래서 나르시시스트는 개인적이거나 로맨틱한 관계, 가족 관계나 비즈니스 관계 등 깊은 관계를 맺을 때 비로소 진짜 모습을 보입니다.

이 책은 나르시시스트를 바라보는 관점을 바꾸는 데 도움을 줄 것입니다. 나르시시스트가 어떻게 자신을 숭배할 청중을 찾는지, 어떻게 자기에게 관심을 줄 공급원을 찾아내 휘두르고 다시 다른 사람을 찾아 떠나가는지, 하나의 사회적 집단에서 또 다른 집단으로 철새처럼 옮겨 다닐 가능성이 얼마나 되는지 알려줄 테니까요.

이 책에 실린 여러 과제와 문제들은 나르시시스트가 누구이며, 유형별 나르시시스트 간의 차이점과 그들이 왜 나르시시스트가 되었는지를 이해하기 위해 고안되었습니다. 이를 통해 나의 어떤 약점이 나르시시스트의 표적이 된 원인인지 파악할 수 있습니다. 예를 들면, 일반 사람들보다 더 민감하고 공감 능력이 좋은 성격 때문에 마치 자석처럼 나르시시스트를 끌어당기는 경우가 그렇습니다.

과제와 문제들을 통해 못된 사람이 내 삶에 침범하려 할 때 자기 본능을 믿는 법을 배울 수 있어요. 또 효과적인 경계를 만들고 스스로를 돌볼 수도 있습니다. 경계란 한 개인이 자신이 누구인지를 정의하고 나와 내가 아닌 것을 구분하는 기준입니다. 즉, 경계를 설정한다는 건 나르시시스트가 바라는 것이 결코 내가 바라는 것과 같지 않으며 나는 나대로 유일한 존재임을 명확히 하는 일입니다. 연습 문제들을 통해 여러분은 경계가 건강한 관계를 만들고 유지하는 가장 강력한 도구라는 점도 알게 될 거예요.

자아도취적 학대로부터 받은 상처를 회복하는 건 어렵지만, 아예 불가능한 일은 아닙니다. 나르시시스트와의 관계를 경험한 뒤 무슨 일이 일어났는지 이해하는 것조차 벅차고 그런 자신이 엉망으로 느껴져 회복을 향한 길이 요원해 보일 수 있겠죠. 그러나 이 책을 처음부터 끝까지 따라 읽어가면 자아도취적 학대를 치유할 회복력과 자기애를 기를 수 있고 또다시 나르시시스트에게 휘둘리지 않도록 예방적 조치를 취할 수 있습니다.

이 책과 함께 회복 과정을 탐색할 때 유용한 치료법, 정신의학과 치료, 봉사 단체 또는 기타 자료를 찾아보길 권합니다. 독특한 유형의 학대 받는 사람들을 치료하는 정신 건강 제공자Mental Health Providers가 많습니다. 그러니 상처 회복에 적절한 도움을 줄 사람을 찾아 이런 유형의 학대를 이해하는지 물어보는 걸 절대 두려워하지 마세요.

CONTENTS

들어가는 말 함부로 하는 사람을 만났을 때 내 감정과 본능을 믿으세요 … 4

PART 1 나르시시스트 판별법 "그는 당신의 아픔에 관심 없습니다" … 10

CHAPTER 01 그 사람은 나르시시스트일까 … 13

나르시시스트 판별법
가까운 사람이 나르시시스트라면
나르시시스트에 관한 흥미로운 통계
나르시시스트의 피해자가 된다는 건
정서적 학대는 몸까지 망가뜨립니다
내게 일어난 불행을 이해하려는 용기
나르시시스트의 표적이 되는 사람의 특징

CHAPTER 02 나르시시스트에도 유형이 있습니다 … 37

건강한 나르시시즘도 있습니다
나르시시즘이 위험해질 때
잘 드러나지 않는 조용한 나르시시스트
나르시시스트가 피해자로부터 얻고자 하는 것
피해 경험을 공유해야 나아집니다
상처 회복에는 인내가 필요합니다
잃어버린 직감을 되찾는 데 집중하세요
당신도 진정으로 행복해질 수 있습니다

PART 2 치유를 향한 매일의 연습 "내게 가장 친절하고 싶어요" … 58

CHAPTER 03 치유 1단계: 학대를 인정하기 … 61

- 자책에서 벗어나 학대임을 인정하세요
- 피해 경험을 이야기하는 것의 효과
- 작지만 확실한 치유의 목표를 설정하세요
- 목표를 세분화하면 실천이 쉬워집니다
- 아주 구체적인 행동 지침을 만드세요
- 자기 긍정 문장을 완성하세요
- '만약에'라는 굴레에서 벗어나세요
- 나르시시스트와의 시간이 로맨틱하게 느껴지는 이유
- 지금 이 순간의 나에게 집중하는 연습
- 나를 도와줄 위기 핫라인을 만드세요
- 관계가 아닌 나 자신에게 집중하는 법
- 수치심은 나르시시스트가 부여한 감정입니다
- 자기 자신을 가까이서 바라보려는 용기

CHAPTER 04 치유 2단계: 나 자신과 감정 돌보기 … 95

- 자기 감정을 알아채는 연습
- 잘 먹고 잘 쉬는 것도 자기 관리입니다
- 변하지 않는 핵심 자아를 발견하세요
- 성향에 따라 나르시시스트 대처법도 달라집니다
- 내게 맞는 에너지 충전법을 찾으세요
- 나에게 가장 친절한 사람이 되세요
- 자기 주장은 이기적인 게 아닙니다
- 자존감도 연습으로 쌓아올릴 수 있습니다
- 자신감을 쌓아주는 SWOT 분석
- 내 삶을 이야기로 쓰는 것의 치유 효과
- 감정이 들썩일 때마다 회피하지 마세요
- 여기까지 온 것도 매우 큰 용기입니다

CHAPTER 05 치유 3단계: 나를 지켜줄 경계 만들기 … 135

- 명확한 경계가 나를 지켜줍니다
- 불편해도 참아왔던 게 무엇인지 알아내세요
- 감정에 이름을 붙이고 인식하는 연습
- 치유 과정에는 반드시 쉼이 있어야 합니다
- 내부 경계가 없으면 자꾸만 눈치를 보게 됩니다
- 외부 경계로 타인의 간섭을 통제하세요
- 내부 경계를 침범하는 사람에게 대응하는 법
- 외부 경계를 침범하는 사람에게 대응하는 법
- 내 욕구를 우선시하는 데 죄책감을 갖지 마세요
- 거절해야 할 일에 '아니오'를 말하는 연습

스스로를 변호하는 목소리를 자신에게 들려주세요
뛰어난 공감 능력이 독이 될 수도 있습니다
나를 지키려다 지쳤을 때를 대비하세요
경계는 유해한 관계가 반복되는 것을 막아줍니다

PART 3 변화를 만드는 용기 "건강한 관계를 쌓아가고 싶어요" ··· 172

CHAPTER 06 강력하고 든든한 지원군 만들기 ··· 175

깨달음의 순간을 놓치지 마세요
나르시시스트의 행동을 정당화하지 마세요
내 감정이 불쾌하다면 그것이 진실입니다
나를 깎아내리면서까지 남을 만족시키지 마세요
거절의 결과는 생각보다 나쁘지 않습니다
나 자신을 돌보는 것이 여전히 이기적으로 느껴진다면
왜 내겐 항상 똑같은 문제가 반복될까
매일 스스로를 피곤하게 만들고 있지는 않나요
관계도 성장이 필요합니다
상처가 크더라도 다시 건강한 관계를 쌓을 수 있습니다

CHAPTER 07 자기 가치대로 나아가는 삶 ··· 205

다시 원점으로 돌아가지 않으려면
무시에 익숙해져 핵심 자아와 멀어지지 마세요
내가 무엇을 원하는지 알 수 없을 때
나를 위해 아무것도 하지 않는다고 자책하고 있다면
나를 위한 행동이 습관화되어야 합니다
몸과 마음이 취약해졌을 때를 바로 알아차리세요
똑똑한 사람도 나르시시스트의 덫에 걸리는 이유
자존감 쌓기 1단계: 긍정적 자기 대화
자존감 쌓기 2단계: 적극적 자기 주장
자존감 쌓기 3단계: 내면 아이 보호하기
즐거움을 느낄 때 스스로에게 더 다정해집니다
일기 쓰기와 달력 쓰기의 힘

나가는 말 포기하지 않는다면 반드시 나아질 수 있습니다 ··· 240

감사의 말 ··· 242

추천 도서 ··· 243

PART 1

나르시시스트 판별법

"그는 당신의 아픔에 관심 없습니다"

요즘엔 나르시시즘이란 용어를 '이기적으로 행동하는 사람'을 묘사하기 위해 막연히 사용하는 경우가 많습니다. 그렇다면 진짜 나르시시즘은 무엇일까요?

정신 건강 분야의 수많은 전문가는 자아도취, 즉 나르시시즘이 다양한 편차를 보인다고 말합니다. 그러나 자아도취적 행동에는 한 가지 주요 특징이 있는데요. 바로 '공감 능력의 부족'입니다.

대부분의 사람들은 이기적으로 굴면서도 자기 때문에 남이 불쾌해할 수 있다는 걸 이해하고 그 감정도 공감합니다. 하지만 나르시시스트는 이기적으로 행동하는 과정에서 자신이 타인에게 상처 입혔다는 점을 전혀 고려하지 않습니다. 아주 태연히 원하는 걸 얻기 위해 상황을 조작할 뿐이죠.

CHAPTER 01

그 사람은 나르시시스트일까

1챕터에서는 나르시시즘이 무엇인지 자세히 살펴보겠습니다. '나르시시스트'라는 용어가 유래된 그리스 신화, 현대의 나르시시즘 형태, 나르시시즘 구분하는 법, 나르시시스트가 주변 사람에게 미치는 영향, 나르시시스트의 위협을 인지하는 법 등을 알아볼 거예요. 상처 치유와 마음 회복의 여정은 상대를 제대로 아는 것에서부터 시작되니까요.

나르시시스트 판별법

보통 사람들은 나르시시즘이란 용어를 너무 무분별하게 사용합니다. 그러나 나르시시즘, 나르시시스트라고 할 때에는 그가 다른 사람들에게 거의 관심을 두지 않고, 누구보다 자기 자신을 우선시하는 경우여야 나르시시스트 스펙트럼에 들어맞습니다.

나르시시즘에는 스스로에게 자부심을 느끼고 다른 사람과 그 기쁨을 나누며, 받을 자격이 충분한 칭찬을 위해 성취하려는 온화한 나르시시즘도 존재합니다. 우월감을 가지고 자랑하는 것이나 다른 사람들을 깔보는 것과는 다른 건강한 형태죠.

《정신질환 진단 및 통계편람 제5판Diagnostic and Statistical Manual of Mental Disorders, DSM-5》에 정의된 자기애성 인격 장애Narcissistic Personality Disorder, NPD의 임상적 정의를 살펴볼까요? 여기서는 나르시시스트가 다음 아홉 가지 특성 중 적어도 다섯 가지 특성을 지니고 있다고 명시합니다.

1. 특권 의식이 있다.
2. 공감 능력이 부족하다.
3. 실속 없이 거창한 자존감을 보인다.
4. 거만하고 오만한 행동과 태도를 보인다.
5. 과도하게 다른 사람에게 존경받고 싶은 욕구가 있다.
6. 대인 관계에서 다른 사람을 착취한다(상대를 이용한다).
7. 다른 사람을 부러워하거나 다른 사람이 자신을 부러워한다고 생각한다.
8. 무한한 성공, 힘, 명석함, 아름다움, 이상적 사랑에 대하여 환상에 사로잡혀 있다.
9. 자신이 특별하고 독특하다 믿으며 높은 지위에 있는 사람이나 기관, 단체, 협회만이 자신을 이해할 수 있기 때문에 그런 부류와 어울려야 한다고 생각한다.

위 아홉 특성 중 한두 가지 특성만 보이거나 다섯 가지 이상의 특성을 아주 가끔만 드러내는 사람도 자아도취적 학대로 타인에게 피해를 줄 수 있습니다. 진단 기준을 완전히 충족하든 아니면 낮은 수준을 보이든, 나르시시스트는 우리 삶에 감정적 혼란을 가져옵니다.

모든 나르시시스트에게 공통적으로 드러나는 특성은 공감 능력이 부족하다는 것입니다. 나르시시스트는 다른 사람에게 끔찍한 일을 저지르고도 피해자들이 겪을 아픔에는 관심이 없습니다. 죄책감을 느끼기는커녕 자기가 책임지지 않을 방법만 생각하고, 때론 적반하장으로 본인이 만들어낸 혼란과 고통의 이유를 다른 사람에게서 찾기도 합니다.

'나르시시즘'은 어디서 유래했을까?

'나르시시즘Narcissism'이라는 용어는 고대 로마 시인 오비디우스가 서기 8년에 쓴 《변신 이야기Metamorphoses Ovidii》에서 유래했습니다. 이 책에는 그리스 신화 중 나르키소스Narcissos의 이야기가 등장합니다. 매우 아름다운 청년이었던 나르키소스는 수많은 이들에게 구애받았지만 모두 무시하고 멸시하다가 결국 복수의 여신 네메시스로부터 자기 자신과 사랑에 빠지는 벌을 받게 됩니다. 맑은 샘물에 비친 자신의 모습을 하염없이 바라보지만 안을 수도 만질 수도 없는 물속의 자신에게 빠져 시름시름 앓다 죽게 되었죠.

이렇게 자기 자신을 사랑한 나머지 죽게 된 나르키소스의 모습에서 과도한 자기애, 자아도취를 의미하는 나르시시즘이 탄생하게 되었습니다.

현대의 나르시시즘

현대에서의 나르시시즘은 나르키소스의 이야기만큼 인상적이지만 다른 양상으로 전개됩니다. 어떤 아이들은 나르키소스와 비슷한 나르시시즘으로 자신을 이끌며 지나치게 자만하고 아첨하지만, 또 다른 아이들은 학대와 무시, 트라우마를 통해 나르시시즘적 특성을 얻죠.

오늘날 나르시시스트들은 외모와 부, 사람들의 이목을 끌고 즐겁게 만드는 쇼맨십이 중요시되는 세상에 살며 자신의 숭배자들을 얻을 기회가 충분합니다. 소셜 미디어는 나르시시스트들이 더 많은 청중에게 접근할 수 있게 만들었죠. 아무리 존경받고 추종자들을 만들어도 좀처럼 만족할 줄 모르는 나르시시스트들에게 인터넷으로 연결된 요즘 시대는 그야말로 비옥한 땅인 셈입니다. 전에는 나르시시스트들의 손길이 우리와 닿지 않을 만큼 멀었던 적도 있었습니다. 하지만 이제 나르시시스트들은 손쉽게 피해자를 고르며 많은 사람에게 고통을 주고 있어요.

가까운 사람이 나르시시스트라면

나르시시스트의 독특한 행동 양식에는 여러 가지가 있지만, 그 다양한 행동들에는 공통점이 존재합니다. 그래서 저는 종종 모든 나르시시스트가 같은 각본을 공유하고 있는 배우 같다고 말하곤 하죠. 다들 비슷한 방식으로 행동하거든요. 그중 가장 일반적으로 드러나는 징후들을 알아봅시다.

공감 능력 부족 나르시시스트는 다른 사람들처럼 타인을 배려하고 공감하는 능력이 없어 보입니다.
책임감 결여 나르시시스트는 상황을 뒤집는 데 능숙하고 어떤 잘못도 책임지지 않습니다. 심지어 학대는 자기가 해놓고 피해자가 사과하게 만들 만큼 상황을 교묘하게 조종하고 조작하기도 합니다.
거짓말 자신의 가식이 탄로나는 걸 피하기 위해 나르시시스트는 거짓말의 달인이 됩니다. 심지어는 자기가 한 거짓말과 진실을 혼동해 현실을 망각하기도 하죠.

수치심에 대한 혐오 나르시시스트는 발달한 자아(자아의식)가 없습니다. 대신 타인에게서 되돌려받는 것들로부터 자아를 파생하죠. 그중에서도 수치심을 돌려받으면 나르시시스트는 파멸합니다. 수치심은 나르시시스트가 필사적으로 숨기려 애쓰는 나르시시스트로서의 영역에 고통을 주기 때문입니다. 이 고통은 조금도 참을 수 없어서 종종 자아도취적 분노로 이어집니다. 나르시시스트가 수치심에 대해 느끼는 혐오감은 매우 강해서 때론 나르시시스트의 행동 대부분을 좌우하기도 합니다.

가족 혹은 친구가 나르시시스트라면

만일 누군가 "내 가족이 나르시시스트야"라고 한다면 여러분은 그 말을 쉽게 이해할 수 있나요? 아마도 '가족이 나르시시스트라고?' 하며 그 사실을 이해하기도, 인정하기도 어려울 거예요.

가족과 보내는 일상은 너무나 익숙해서 어느 날 갑자기 뭔가 잘못되었다고 깨닫기 힘듭니다. 가족이 자아도취적 학대를 행해왔대도, 그런 행동은 오랜 시간 동안 가족 내에서 용인되었을 것이기 때문에 비정상적이라는 걸 알아차리기 어렵죠.

친구 중에도 나르시시스트가 있을 수 있어요. 사실 나르시시스트는 공감 능력이 부족하기 때문에 우정을 잘 유지하지 못합니다. 그러나 나르시시스트가 관계를 유지하는 친구들도 있는데 이들은 나르시시스트가 자신의 명령을 수행하도록 곁에 둔 존재들입니다. 만일 이 친구들이 자신을 피하고 연락도 받지 않으려 할 경우, 나르시시스트는 어떻게든 죄책감을 심어주려 하고 끝까지 괴롭힐 것입니다.

연인이 나르시시스트라면

로맨틱한 관계에서 나르시시스트는 '마치 동화처럼 관계를 미화해 자기 욕망의 대상인 상대를 설득합니다. 상대에게는 이 사탕발림 같은 말이 기분 좋게 들릴 수밖에 없죠. 나르시시스트는 그 사실을 잘 알고 활용합니다. 이런 전략을 '애정 공세Love Bombing'라고 합니다.

나르시시스트는 연인이 된 지 얼마 안 됐더라도 "당신을 정말 사랑해"라고 말할 정도로 재빠르게 움직입니다. 그리고 자신의 매력을 최대한 활용하여 이 관계가 운명인 것처럼 과장해 상대를 조종하고 끝내 상처 입힙니다.

상사 혹은 부하 직원이 나르시시스트라면

직장 내에서 나르시시스트는 동료들과 직접적인 경쟁 관계에 놓입니다. 그만큼 더욱 사악한 면모를 드러내죠. 평화로운 직장 생활은 나르시시스트의 안중에 없습니다. 대신 언제나 동료보다 한 수 위가 되고자 노력하고 자기 이익을 위해서라면 동료를 곤경에 빠뜨리는 것도 서슴지 않습니다. 동료의 공로를 자기에게 돌리려 수를 쓰기도 하죠. 만약 상사가 나르시시스트면 그는 위치적 권력을 유지하기 위해 아주 불쾌한 행동을 해댈 것입니다.

나르시시스트에 관한 흥미로운 통계

《정신질환 진단 및 통계편람 제5판》에 따르면 미국 전체 인구의 약 6.2%에 해당하는 사람들이 자기애성 인격 장애 진단 기준을 충족하며, 그들 중 최대 75%가 남성이라고 합니다. 점차 여성의 비율도 높아지고는 있지만 여전히 대다수의 나르시시스트는 남성입니다.

나르시시스트는 의사, 정치인, 군 관계자, 경찰관, 소방관처럼 많은 존경을 받는 직업에 매력을 느낍니다.

나르시시스트는 종종 다른 질환도 지닙니다. 가장 흔한 질환은 특정 물질을 과도하게 사용해 개인적 고통과 사회적 부작용을 초래하는 물질 사용 장애Substance Use Disorders와 우울증, 불안 장애입니다. 많은 나르시시스트가 양육자에게 학대를 당했거나, 혹은 방치되었던 어린 시절 때문에 그런 모습이 되었다는 점을 고려해보면 놀라운 일이 아니죠.

시카고 대학교 의대University of Chicago Medicine에서 실시된 연구는 나르시시즘의 생물학적 원인을 밝힙니다. 연구자들은 나르시시스트들이 용납할 수 없는 대인관계에 과민성을 보인다는 증거를 찾고 있습니다. 이 초기 연구는 양육과 타고난 천성 둘 다 나르시시즘을 초래할 가능성이 있다는 일부 주장으로 이어집니다(29쪽).

나르시시스트의
피해자가 된다는 건

자아도취적 학대의 피해자가 된다는 건 삶이 아주 크게 망가진다는 뜻이나 다름없습니다. 피해자는 많은 시간과 에너지를 투자하기 전에는 자기 삶에 나르시시스트가 존재하는지, 그가 어떤 악영향을 끼치는지 알아차릴 수 없기 때문입니다. 그리고 알아차렸더라도 이미 마음이 많이 다친 후입니다. 그래서 나르시시스트의 피해자는 현실을 매우 혼란스러워하며 자신에게 일어난 일을 이해하고 치유할 시간이 필요합니다.

직장에서 지속적으로 업무를 던져주며 과한 기대감을 보이는 나르시시스트 상사를 만나면 그의 인정을 얻으려 나를 해쳐가며 노력하게 됩니다.

나르시시스트 부모 밑에서 자랄 경우엔 어떻게 해야 부모의 사랑과 관심을 얻고 욕구를 충족할 수 있는지 애써서 배우고 그에 맞춰서 행동하게 됩니다. 부모의 사랑은 아이에게 당연히 쥐어져야 할 것인데도 말이죠. 아이가 이런 노력을 통해 관심을 받게 되면 건강한 관계란 어떤 것이고 어떻게 이루어지는지 영영 알 수 없습니다.

연인 관계에서는 나르시시스트가 그린 동화 같은 사랑을 무작정 믿고 싶어 하게 됩니다. 왜냐하면 나르시시스트는 이러한 사랑의 모습이 우리를 위해 가장 좋은 것이라고 설득하기 때문이죠. 그래서 나르시시스트 연인의 행동이 명백히 유해함에도 피해자는 오히려 자기가 그의 행동을 정당화하려 합니다.

이처럼 오랜 기간 나르시시스트의 자아도취적 학대에 놓였던 피해자들은 삶의 초점을 나르시시스트에게 맞춥니다. 그러다 결국 공통된 몇 가지 심리적 증세를 보이게 되죠. 이에 대해 자세히 알아봅시다.

불안

자아도취적 학대의 피해자들은 지속적인 불안 상태에서 생활하는 경향이 있습니다. 눈치를 보며 조심스럽게 행동하고 평화를 유지하기 위해 많이 노력합니다. 무언가 잘못되지 않을까 끊임없이 경계하죠. 이는 피해자들이 자기 욕구를 무시하고 나르시시스트를 행복하게 하는 데 집중한다는 의미입니다.

혼란

나르시시스트와 있으면 누구나 혼란스럽습니다. 그들은 가까운 사람들의 현실을 부정하거든요. 또 행동과 말로 상처를 줘놓고는 관계 없는 사람을 끌어들여 비난합니다. 그래서 피해자들은 나르시시스트의 잘못인데도 자신이 그의 의도대로 반응하지 않았다며 사과합니다.

수치심

수치심은 자아도취적 관계의 모든 부분을 관통하는 주제입니다. 나르시시스트는 수치심의 렌즈를 통해 세상을 바라보며, 주변 사람들도 반드시 그러도록 만듭니다.

나르시시스트는 피해자에게 높은 기대를 지니고 있으며 끊임없이 그 기대치를 높이고 기준도 변화시킵니다. 때문에 피해자는 나르시시스트의 기대를 충족할 수가 없습니다. 능력이 부족해서가 아닙니다. 게다가 나르시시스트는 절대 만족할 생각이 없기에 아무도 그의 기대에 부응할 수가 없습니다.

하지만 나르시시스트는 자신이 제시하는 높은 기대를 피해자가 충족시켜야 한다고 강요합니다. 결국 피해자는 스스로 '충분히 훌륭하지 못하다'는 수치심을 느끼게 되죠. 자기 말대로 계속 수행하게 하고자 하는 나르시시스트의 수법인 것입니다.

자기 의심 Self-Doubt

이제 슬슬 알아차렸나요? 나르시시스트의 목표는 피해자가 세상을 보는 방식에 의문을 품게 하고 자신의 사고방식과 피해자의 사고방식이 일치하도록 만드는 것이라는 점을요. 나르시시스트는 통제력을 얻기 위해 조작을 자행하고 수치심을 이용해 피해자가 알고 있는 모든 걸 의심하게 하며 궁극적으로 자신에게 굴복하고 따르게 만듭니다. 나르시시스트는 피해자가 너무 많은 실수를 했지만, 자신은 피해자에게 무엇이 가장 좋은 길인지 안다며 마치 도와주는 듯 다가옵니다. 피해자는 달콤한 위로에 서서히 무너져 나르시시스트의 말을 그대로 믿게 되죠. 바로 이 점이 자아도취적 학대의 음흉함을 잘 보여줍니다.

PTSD와 C-PTSD

외상 후 스트레스 장애 PTSD는 정신 건강과 의학 분야에서 진단되는 질환입니다. 이 질환은 경험했거나 목격한 충격적인 사건의 결과로 나타납니다.

자아도취적 학대를 경험한 사람들 중 대부분은 흔히 C-PTSD Complex PTSD(복합 외상 후 스트레스 장애)라고 알려진 증상을 보입니다. C-PTSD는 항상 하나의 결정적인 외상만 있는 건 아닙니다. C-PTSD는 건설 중인 벽돌 벽과 같습니다. 각각의 벽돌은 트라우마를 나타내며 하나의 벽돌은 다른 벽돌 위에 올라가 저항하기 힘든 부담을 남기죠.

자아도취적 학대의 다른 증상은 다음과 같습니다.

두려움 세상을 안전하지 않다고 인식한다.
우울감 삶이 절망적으로 느껴질 수 있다.
고립감 나르시시스트가 통제력을 유지하는 데 도움이 된다.

수면 부족 불안과 공포로 인해 숙면을 취할 수 없다.

권능 부여 평화를 유지하기 위해 항상 나르시시스트의 요구를 정당화한다.

의사 결정 불가 더 이상 무엇이 옳은지 자신을 신뢰할 수 없다.

정서적 학대는
몸까지 망가뜨립니다

어떤 종류의 학대든 상관없이, 학대는 큰 스트레스와 불안을 야기하며 피해자의 삶 전반에 악영향을 끼칩니다. 연구에 따르면 신체적 학대를 당했을 때든, 정서적 학대를 당했을 때든 우리 뇌와 몸이 반응하는 수준은 큰 차이가 없다고 합니다.

어린이가 정서적 학대를 당하면 흔히 퇴행적 행동(엄지손가락 빨기, 이불에 오줌 싸기 등 유아기 모습으로 돌아가는 것)을 보입니다. 성인의 경우엔 약물 남용이나 유해한 친구 및 파트너에 대한 애착, 만성 통증, 섭식 장애와 같은 양상을 보이죠. 때론 소화 불량이나 섬유근육통, 만성 두통, 편두통, 기억력 문제 등을 겪기도 합니다.

정신과 신체가 어떻게 연결되는지와 지속적인 정신 스트레스가 어떻게 신체적 기능을 손상하는지에 대해서는 끊임없이 연구가 이루어지고 있습니다.

선천적인가 vs 후천적인가

자기애성 인격 장애가 어떻게 시작되는지에 관해서는 아직 알아내야 할 게 많지만, 몇몇 사례들은 이 장애에 유전적 요소가 있을 수 있음을 시사합니다.

기존에는 아이를 과도하게 칭찬하고 제멋대로 굴게 두거나, 반대로 학대 및 방치하면 그 아이가 자라서 자기애성 인격 장애를 얻게 된다고 생각했습니다. 하지만 점점 부모가 나르시시스트면 아이도 똑같이 나르시시스트가 될 가능성이 높다는 증거도 발견되고 있죠.

물론 여전히 나르시시즘이 부모를 보고 자라서 형성된 결과인지 아니면 애초에 유전자에 새겨진 결과인지 판단하긴 어렵습니다. 나르시시스트의 아이들이 모두 나르시시스트가 되는 건 아니니까요. 다만, 지금은 다른 여러 정신적 장애들처럼 나르시시즘 역시 타고난 천성과 양육 환경이 더해져 나타나는 것일 가능성이 높다고 여겨지고 있습니다.

─────── **나르시시스트와의 경험 되짚어보기** ───────

내 곁에 나르시시스트로 의심되는 인물을 떠올리며 다음 질문에 '예' 또는 '아니오'라고 대답해보세요. 그리고 각 질문과 관련하여 떠오르는 경험들을 살펴보세요.

Q1. 그(나르시시스트)를 위해 친구들과 보내는 시간을 줄이거나 아예 포기한 적이 있나요?
예 ☐ ㅣ 아니오 ☐

Q2. 그에게 원거리 출장과 같이, 당신과 떨어져 있을 시간이 생기기를 바랐거나 바라고 있나요?
예 ☐ ㅣ 아니오 ☐

Q3. 그와 대화하거나 만나게 될 상황이 오면 두통, 복통 같은 신체적 증상이 나타난 적이 있나요?
예 ☐ ㅣ 아니오 ☐

Q4. 그와 통화하거나 함께 시간을 보낸 뒤에 지치고 혼란스럽고 피곤하다고 느끼나요?
예 ☐ ㅣ 아니오 ☐

Q5. 그와 나눈 대화를 다시 떠올릴 수 없거나 떠올리기 힘든가요?
예 ☐ ㅣ 아니오 ☐

Q6. 당신은 스스로 내린 결정이 그에게도 옳은 결정임을 알리기 위해 지나치게 이유와 근거를 들어 설명하려는 경향이 있나요?
예 ☐ ㅣ 아니오 ☐

Q7. 당신은 자신과의 대화(Self-talk)를 할 때 스스로에게 모질거나 경멸적인 언어를 사용하나요?
예 ☐ ㅣ 아니오 ☐

Q8. 당신은 자기 자신이 무언가에 적당한 사람이 아니라고 생각하거나 능력이 없다고 생각하나요?
예 ☐ ㅣ 아니오 ☐

'예'라고 대답한 질문을 다시 살펴보세요. 그리고 자신에게 물어보세요. 나르시시스트와 마주할 때 내가 느끼는 감정들의 원인은 무엇일지, 또 스스로 바라본 내 모습은 나의 생각인지 아니면 누군가가 말한 것에 영향을 받은 것인지를요.

내게 일어난 불행을
이해하려는 용기

　　　　　　이 책을 펴든 분 중에 지금까지 나르시스트로부터 고통받았던 분이 얼마나 될지는 모르겠습니다. 아마 주변에 만나면 참 고통스러운데 뭐가 문제인지 모르는 인연이 있어서 그 이유를 면밀히 알아보고자 이 책을 선택하신 분도 있겠죠. 이미 피해를 깨달은 분이든, 아직 명확히 알아차리지 못한 분이든 모두 괜찮습니다. 해결법을 찾고자 책을 읽고 있다는 건 아주 좋은 현상이기 때문입니다.

　내게 무슨 일이 일어났는지 이해하는 것이 상처를 치유하는 첫 번째 단계입니다. 지금껏 나르시스트에게 얼마나 휘둘리고 지냈든 잊으세요. 나르시스트가 나를 통제 안에 두기 위해서, 자신의 욕구를 충족시키기 위해서 자행했던 조작을 인지해야 더 이상 나르시스트의 손아귀에서 헤매지 않으려면 어떤 경계를 그어야 하는지 알 수 있고 그에게서 벗어나겠다는 결심을 세울 수 있습니다.

제 내담자였던 매트도 아내와의 학대적 관계를 되돌아보면서 비로소 자신을 힘겹게 한 것이 무엇이었는지를 깨달았죠. 매트는 아내와 이혼 절차를 밟기 시작할 때 저를 찾아왔습니다. 매트는 슬픔 속에서도 아내에게 자아도취적 성향이 있었음을 확인하려 애썼어요. 결혼 생활 내내 아내는 폭군처럼 굴며 매트의 감정 따위에는 전혀 관심이 없었습니다. 그리고 그런 이기적 행동들은 두 아들에게도 영향을 주고 있었죠.

매트는 아들들을 보호할 방법을 찾고자 저와 상담하면서 자신 또한 어린 시절 나르시시스트였던 어머니에게 휘둘렸단 걸 깨달았습니다. 이런 인지는 매트가 아들들이 무슨 고통을 겪고 있는지 이해할 수 있는 계기가 되었고 또한 본인에게도 같은 상처가 오랫동안 자리 하고 있었다는 것도 알게 해주었습니다.

이후 매트는 저와 상담하며 치료를 받았고 관련 책도 많이 읽었습니다. 그리고 자기 상처를 마주하고 스스로를 사랑하는 방식으로 두 아들을 도울 방법도 찾아나갔죠. 현재는 과거의 상처에서 어느 정도 해방되었습니다.

많은 피해자들이 나르시시스트와 함께하며 상처받은 걸 몰랐다고 자책합니다. 괜찮습니다. 이제는 무슨 일이 일어났는지, 어떤 상처가 남았는지 알 수 있습니다. 그 용기의 과정을 통해 취약한 부분을 회복하고 상처를 치유해 나가봅시다.

나르시시스트의 표적이 되는 사람의 특징

자아도취적 학대에서 살아남은 분들을 보며, 저는 그 학대가 얼마나 한 인간에게 해로운지 자책Self-blame과 과소평가Minimization(어떤 사건이나 한 개인의 중요성과 의미를 실제와 상관없이 과소평가하는 것)라는 공통된 실마리를 통해 목격했습니다. 끓는 물이 담긴 냄비에 개구리를 넣으면 곧바로 튀어나오지만 미지근한 물에 개구리를 넣고 천천히 불 온도를 높이면 개구리가 그냥 냄비 속에 머문다는 이야기가 생각나네요. 나르시시스트의 조작에 말려들어 스스로 알아차리기도 전에 악순환에 빠지고, 더 이상 고통을 견딜 수 없는 상태가 되었지만 뭘 어떻게 해야 할지 모르는 피해자의 상황과 비슷하기 때문이죠.

나르시시스트가 찾는 피해자들은 공감 능력과 연민이 뛰어나고 친절하며 착한 사람입니다. 나르시시스트는 그런 사람들의 주의를 끌기에 적당한 말과 행동을 아주 잘 알고 있어요. 그래서 치료받으러 오는 많은 내담자들은 나르시시스트의 속임수와 그들이 짜놓은 판에 걸려든 자신을 비난합니다.

하지만 피해자가 잘못한 건 아무것도 없어요. 나르시시즘적 행동은 대부분의 사람이 이해하기 어렵고 항상 학대적인 것도 아니거든요. 또 나르시시스트는 자신이 한 추악한 행동조차 피해자들이 보기엔 진짜 그러고 싶어서 그런 게 아닌 것이라 믿게끔 합니다. 그래서 피해자들은 나르시시스트가 처음 만났을 때처럼 여전히 매력적인 사람이라고 계속 믿고 싶어 하게 되죠.

그래서 자아도취적 학대의 치유 과정에는 전문가의 도움이 매우 중요합니다. 다행히 이런 유형의 학대를 이해하는 치료사들이 점점 많아지고 있으며, 미디어에서도 나르시시즘에 대한 논의를 시작하고 있습니다. 이 책 역시 그 도움의 일환이고요.

다음 챕터에서는 나르시시스트가 어떤 행동을 취하는지, 그리고 그들이 자신의 진짜 정체를 감추기 위해 어떤 수법을 쓰는지 살펴보겠습니다. 다양한 유형의 나르시시스트와 그들이 왜 위험한 사람인지를 더 깊이 이해하는 시간이 될 것입니다.

CHAPTER 02

나르시시스트에도 유형이 있습니다

 이번에는 나르시시즘이 일상에서 어떤 형태를 띠는지 더 깊이 들여다볼 거예요. 그리고 다양한 나르시시스트의 유형과 왜 그들이 그런 행동을 하는지도 알아봅니다.
 나르시시스트에 대한 깊은 이해의 과정은 나 자신을 치유하는 과정의 시작입니다. 그들을 이해해야 내가 느껴온 감정들이 나르시시스트가 날 통제하기 위해 주입했던 감정이란 걸 깨달을 수 있거든요. 지금껏 자신감이 많이 떨어졌거나 우울감과 고립감을 느꼈거나 스스로가 미쳐가는 것 같았다면, 이번 챕터를 읽은 후에 그 모든 감정이 '진짜 나'를 반영해 나타난 것이 아님을 알 수 있을 것입니다.

건강한 나르시시즘도 있습니다

자기애성 인격 장애 진단을 받으려면 특정 기준이 충족되어야 합니다. 그러나 이 장애를 자주 다뤄본 전문가들은 자기애성 인격 장애가 다양한 편차로 나타난다고 입을 모으죠. 진단 가능한 모든 기준을 충족하는 나르시시스트도 있지만, 공감 능력을 보여주는 나르시시스트도 있기 때문입니다.

사실 사람은 누구나 목표와 욕망에 도달하기 위해 어느 정도의 나르시시즘을 가지고 있습니다. 다만 나르시시즘이 인간관계나 직장 생활에 해를 끼칠 때 혹은 자아도취적 성격 외에 다른 두드러진 성격적 특징이 없을 때 이를 건강하지 못하고 장애가 있다고 간주하는 거예요.

앞서 나르시시즘을 진단하는 아홉 가지 특성을 확인했죠(15쪽)? 이렇게 나르시시즘은 진단이 가능하고, 각 특성은 사람마다 다양한 수준의 심각성을 띱니다. 또 사람마다 표현 방식도 다를 수 있습니다.

건강한 나르시시즘의 이점

자아도취적 특성들이 개인과 사회를 위한 더 큰 선善과 일치한다면, 이는 건강한 나르시시즘이 될 수 있습니다. 건강한 나르시시즘은 건강한 자존감과 비슷해요. 어려운 일을 정복했을 때 혹은 무언가를 완성하거나 성취했을 때 느끼는 자부심 같은 거죠. 그래서 건강한 나르시시즘은 목표에 도달하고, 원하는 걸 이루고, 스스로 정한 한계에 도전하는 동력인 자존감과 자신감을 쌓아줍니다.

나르시시즘이
위험해질 때

나르시시스트와의 관계는 아무리 가벼운 관계조차도 피해자를 혼란스럽게 하며 스스로에게 의문을 품게 합니다. 그보다 진지하거나 깊은 관계는 더 많은 위험을 동반한다는 건 두말할 필요도 없죠.

나르시시스트가 바라던 대로 그의 계략이 성공한다면, 피해자는 결국 자기 자신이 매력적이지 않고 무식하며 세상에 충분한 가치가 없는 사람이라고 느끼게 됩니다. 또 나르시시스트와 더 많은 시간을 보내면 보낼수록 진짜 자기 모습을 잃고 나르시시스트가 투영한 거짓 자기를 믿기 시작하고요. 이렇게 진짜 현실과 사물에 대한 올바른 인식을 오랜 기간 망각하면 사람은 자기가 미쳐가고 있는 것처럼 느낍니다. 그리고 진정한 자아를 인지하지 못하는 악순환에 빠집니다. 이는 피해자가 스스로를 의심하고 고립되도록 나르시시스트가 의도한 결과입니다.

그래서 나르시시스트는 피해자의 모든 시간과 에너지, 관심을 빼앗으므로써 통제력과 권력을 유지하려 합니다. 다른 누구에게도 피해자에 대한 지배를 넘겨주지 않으면서 말이죠.

소수만이 진단받는 자기애성 인격 장애

《정신질환 진단 및 통계편람 제5판》에 따르면 미국 전체 인구의 약 6.2%가 자기애성 인격 장애의 진단 기준을 충족한다고 합니다. 그리 많은 수는 아닙니다. 6.2%의 진단자 중 75%가 남성인 것으로 추정됩니다.

하지만 요즘 주변을 둘러보면 나르시시스트 성향의 사람들이 늘어난 듯 보입니다. 여성 나르시시스트도 그 어느 때보다 많습니다. 이러한 현상의 원인으로 소셜 미디어를 지목하는 의견도 있습니다. 그러나 사람들이 소셜 미디어 때문에 더 나르시시즘적 성향이 되는 건지, 아니면 나르시시스트들이 자신의 영향력을 넓히기 위해 소셜 미디어를 더 많이 이용하고 있는 건지는 확실치 않아요. 이에 대해선 연구가 더 필요합니다.

잘 드러나지 않는
조용한 나르시시스트

나르시시즘에는 노골적인 나르시시즘과 은밀한 나르시시즘이 있습니다.

노골적인 나르시시즘은 일반적으로 사람들이 나르시시스트 하면 생각하는 특성을 보여주는데, 이를테면 공감 능력의 부족과 지나치게 발달한 자만심이죠. 노골적인 나르시시스트는 관심과 존경을 추구하는 데 있어 조작적이며 기만적이고 분명한 태도를 취합니다. 또 꽤 매력적이며 종종 선망받는 직업(의사, 변호사 등)을 가지고 있습니다.

반면 은밀한 나르시시즘은 매우 다른 양상을 보입니다. 은밀한 나르시시스트는 주변에 있어도 발견하기 어렵고, 피해자의 관심을 끌려는 시도가 덜 뚜렷하며, 약하고 내성적으로 보일 수 있습니다. 하지만 노골적인 나르시시스트와 마찬가지로 은밀한 나르시시스트 역시 비판을 받아들이지 못하며 특권 의식과 과장하는 태도를 보입니다. 다만 그런 성향을 조용히 드러낼 뿐이죠. 은밀한 나르시시스트는 자신이 성공하지 못하는 이유가 외부 요인이나 부당한 대우 때문이라고 탓을 돌립니다.

두 유형의 나르시시스트는 이기심이나 조작, 공감 능력의 부족과 같은 유사한 특성을 공유합니다. 저는 종종 어떤 유형이 더 나쁘냐는 질문을 받습니다. 이에 대해 저는 둘 다 유해하며 단지 각각 다른 방식으로 주변 사람들에게 부정적인 영향을 미치는 것이라고 답하곤 합니다.

나르시시스트가 피해자로부터 얻고자 하는 것

　나르시시스트는 어릴 때부터 자신만의 '나르시시즘 기술'을 익히기 시작합니다. 십대 후반에서 성인 초기까지 심각하게 부적응적 행동이 발달하며, 나이가 들어서는 자기 욕구를 충족하는 데 더 효율적으로 행동하는 법을 깨치죠. 다른 사람들과의 여러 관계를 통해 자신이 갈망하는 관심과 존경을 얻는 데 무엇이 효과적이고 효과적이지 않은지 알게 됩니다. 나르시시스트는 종래엔 피해자들을 다루기 위해 자신감과 사교성, 매력이라는 가면을 쓰고 조작하는 기술을 익힙니다.

　기술을 온전히 익힌 나르시시스트는 자신이 누구인지에 대한 감각이 거의 없거나 전혀 없으며, 다른 사람의 눈에 비치는 자기 모습에 의해서만 자아의식을 형성합니다. 이 부분에서 모든 갈등이 발생합니다. 피해자는 나르시시스트가 짜놓은 판에 놓여 휘둘리지만, 한편으론 나르시시스트가 필사적으로 필요로 하는 존경과 감탄을 손에 쥐고 있는 것입니다. 이에 관해 자세히 알아보죠.

높은 자만심 느끼기

나르시시스트는 다른 사람들에게 자신이 운동도 잘하고 똑똑하며 외모도 뛰어난, 완벽한 사람인 것처럼 보이려 합니다. 나르시시스트는 태생적으로 자존감에 공백이 있어 이를 메우기 위해 다른 사람들보다 우월하다고 느껴야만 하거든요. 즉, 나르시시스트는 다른 사람들이 자신에게 얼마나 감명받았는지를 알아야만 비로소 자기 자신에 대해 생각할 수 있습니다.

관심받기

노골적이든 은밀하든 간에 나르시시스트는 관심의 중심이 되어야만 직성이 풀립니다. 관심 밖의 자신은 사실상 이 세상에서 사라지는 것과 다름없다고 받아들이죠. 그래서 혼자서만 생각하거나 오랫동안 혼자 있는 걸 견디지 못합니다. 나르시시스트에게 관심을 주는 건 사막에서 목말라 죽어가는 사람에게 물을 주는 것과 비슷해요. 나르시시스트는 관심이라는 이름의 물을 순식간에 마셔버리고 그러고도 모자라 계속해서 더 많은 물을 달라고 할 것입니다.

칭찬과 찬사받기

소셜 미디어는 나르시시스트에게 칭찬과 찬사가 얼마나 중요한지를 보여주는 좋은 예입니다. 나르시시스트는 소셜 미디어에 글을 올리면서 누가 자신에게 호감을 보이는지, 어떻게 할 때 관심을 받는지 파악해나갑니다.

칭찬과 찬사를 받기 위해 나르시시스트는 보통 흥미진진하거나 이타적으로 보이는 모습을 게시합니다. 또한 사람들로부터 받은 피드백을 만끽하고자 자주 소셜 미디어를 들락거리죠.

최고라는 만족감

나르시시스트는 자신이 최고라고 느껴야 합니다. 다른 사람이 더 나은 꼴을 볼 수가 없어요. 왜냐하면 그들은 정서적으로 성숙하지 않기 때문에 세상을 모 아니면 도, 즉 전부가 아니면 아무것도 아닌 것으로 바라봅니다. 만약 누군가 자신보다 농구를 더 잘하면 나르시시스트는 그걸 못 견디고 심한 반칙을 저지를 수도 있습니다. 한마디로 스스로 파괴되죠.

이 때문에 나르시시스트는 스스로를 거만하게 표현합니다. 자기가 다른 모든 사람보다 낫다는 걸 스스로에게 설득하기 위해 부정행위나 불공정한 행동도 서슴지 않아요. 때론 자신보다 높은 성취를 이룬 사람을 "걔는 성공하려고 나쁜 짓을 했어" 하며 헐뜯고 이를 근거로 그가 이룬 것이 절대 최고는 아니라고 폄하할 수도 있습니다.

부정적 이미지 제거하기

나르시시스트는 비난이나 책임을 지지 않기 위해서라면 거짓말이나 조작, 심지어는 가스라이팅Gaslighting(상대가 현실에 대한 인식을 의심하게 만드는 정서적 학대)도 할 수 있어요. 자기가 부정적으로 비칠 수 있는 의사소통법은 피하면서도 원하는 목적에 닿을 수 있도록 말의 디테일에 공을 들이죠. 모호하게 굴며 사실이 누락된 거짓말을 하고, 처음 약속을 기억하지 못하도록 일을 꼬이게 만듭니다. 나르시시스트의 목표는 피해자가 현실을 인식함에 있어 의문을 품게 해 자신이 통제력을 가지는 것이니까요.

이익을 얻기 위한 조작

나르시시스트는 피해자들이 자신을 위해 무언가를 하거나 자신에게 이익이 되는 방식으로 행동하도록 만들고자 조작을 사용합니다. 피해자에게 불쌍한 척을 해서 동정심이 들게 하여 빚을 대신 갚게 하거나 피해자가 나쁜 짓을 했다고 몰아 죄책감에 자신을 돕도록 만드는 거죠. 때론 피해자를 가족과 친구들로부터 고립시켜 피해자의 관심을 오로지 자기가 갖고자 합니다.

나르시시스트는 피해자에게 이야기의 일부만 들려줍니다. 만약 피해자가 어떤 일의 진상을 전부 알게 되어도 "내가 예전에 너한테 말했었잖아" 하면서 발을 빼려는 속셈입니다. 이처럼 나르시시스트의 조작은 매우 계산적이고 의도적입니다.

애정과 친밀감 제거

나르시시스트는 아이를 안아주거나 파트너와 손을 잡는 등 기본적인 친밀감 표시는 할 수 있지만, 감정적으로는 다른 사람들과 거리를 두는 게 일반적입니다. 연인 관계에서 나르시시스트는 성적 친밀감을 억누르며, 연인이 너무 깊은 애정을 보이면 감정을 끊어냅니다. 애정을 보여주는 데 취약하기 때문입니다. 또한 애정이나 친밀감을 표현하지 않는 것 자체가 나르시시스트에게는 권력을 유지하는 방법이 됩니다.

서로 의존하게 만들기

나르시시스트는 상호 의존을 목표로 합니다. 피해자에게 끊임없이 의존하며 압박을 주어 '우리 관계가 평화로우려면 서로의 걱정이나 욕망, 욕구는 포기해야 해'라고 생각하게끔 만드는 것이죠. 이러한 자기희생Self-sacrifice의 강요는 학대 피해자가 스스로에게 확신을 갖지 못하게 하며, 시간이 흐를수록 나르시시스트에게 의존하게 만들죠.

그런데 나르시시스트가 피해자의 의존을 원하는 건 어느 정도 이해가 가지만, 나르시시스트가 다른 사람에게 의존한다는 건 왠지 어색하게 보이기도 합니다. 하지만 나르시시스트는 자아(자존감이나 자만 등)가 분열되어 있어 이를 강화하기 위해 반드시 누군가의 존경을 받아야만 합니다. 타인의 인정으로만 자아를 만들 수 있죠. 그래서 나르시시스트와 피해자 간에는 상호 의존이 생기는 겁니다.

남녀 나르시시스트 통계

〈임상 정신의학 저널 Journal of Clinical Psychiatry〉에 게재된 연구에 따르면 전체 남성의 7.7%와 여성의 4.8%가 자기애성 인격 장애의 진단 기준에 부합한다고 합니다. 이 연구에서 연구자들이 발견한 남녀 나르시시스트의 차이점은 남성이 여성보다 선망의 수준이 높고 공감 능력이 부족하다는 점이었죠. 또 다른 차이점을 밝혀내기 위해서는 더 많은 연구가 필요합니다.

피해 경험을 공유해야 나아집니다

　　　　　　나르시시스트를 겪어보지 못한 사람들은 나르시시스트가 하는 행동의 복잡성과 음흉함을 모르기 때문에 피해자를 잘 이해할 수 없습니다. 그래서 피해자들은 상처를 받았음에도 아무런 지지도 받지 못하고 아무도 자기 아픔에 귀 기울여주지 않는다고 느끼죠.

　다행히도 자아도취적 학대에 대해서 사회적인 관심과 이해가 커지고 있습니다. 자아도취적 학대를 당한 피해자들을 전문적으로 치료하는 단체, 소셜 미디어 그룹, 그리고 저와 같은 치료사들도 점점 더 늘어나고 있어요. 피해자의 경험을 검증하고 겪은 일을 더 잘 이해할 수 있도록 도와주는 책과 영상, 기사도 있고요.

　피해자들이 느낀 '무언가 잘못되고 있다'는 직감은 그동안 나르시시스트에 의해 감춰져 있었죠. 그렇지만 이제는 피해자들이 모여 서로의 이야기와 경험을 공유하며 다시 직감을 되찾아야 합니다.

상처 회복에는
인내가 필요합니다

독립된 성인으로 살아가기 위해 집을 떠나는 것처럼 우리 삶에는 중요한 변화를 위해 용기를 내야 할 때가 있습니다. 유해한 관계로부터 상처받은 후 이를 회복할 때에도 용기와 인내가 필요하죠.

저는 회복을 위해 노력하고 인내하는 과정이 매우 가치 있다고 자신 있게 말합니다. 나르시시스트와의 관계에서 늘 안갯속을 헤매는 삶을 살아왔어도 용기 있게 발을 내디뎌 안개 밖을 향해 끊임없이 걸어간다면 언젠간 명쾌한 행복을 만날 수 있어요.

카일라가 몇 년 전 저를 찾아왔을 때, 그녀는 온통 잿빛인 결혼 생활에 절망해 있었습니다. 남편 크리스가 늘 카일라의 생각이 틀렸다고 가스라이팅하고 모욕적인 말도 수없이 했으며, 거짓말 역시 밥 먹듯 해왔기 때문이었죠.

이 막연하고도 지속적인 위협을 수년간 겪은 뒤 카일라는 마침내 최악의 상황을 마주했습니다. 카일라가 아침에 아들을 차로 등교시키는 길에 그만 교통사고를 당했는데, 크리스가 두 사람이 다친 걸 걱정하기는커녕 자기 차가 망가져 못 쓰게 된 상황에만 집중했던 것입니다. 크리스는 카일라에게 운전도 못하면서 왜 자기 차를 가지고 나갔냐며 악을 썼죠. 심지어는 사고로 다친 카일라에게 계속해서 아들을 등교시키라고 강요했습니다. 물론 이번엔 자기 차로 데려다주는 건 안 되고 카일라의 차를 사용하라고 했죠. 또 당분간 자신에게 운전을 배우라고도 했습니다.

생각해보면 늘 그랬습니다. 카일라는 크리스와 있을 때면 뭘 해도 자신보다 크리스가 훨씬 잘하니까 나서고 싶지 않았고, 원래 잘하던 일들도 자신감이 떨어졌습니다.

이후 카일라는 저를 만나 자아도취적 학대에 관해 알아나가기 시작했습니다. 그리고 곧 크리스의 행동이 노골적인 나르시시즘이라는 걸 깨달았죠. 카일라는 마치 두꺼운 커튼을 걷고 밝은 창밖을 내다보는 사람처럼 곧장 이혼을 결심했습니다. 물론 한부모 가정이 되는 일이나 여러 재정적 문제들이 카일라를 두렵게 만들기도 했어요. 그러나 그 어느 때보다 이혼이라는 답은 명쾌하게 떠올랐습니다. 일상적인 학대 없이 사는 것이 훨씬 더 가치 있다는 걸 알았으니까요.

이혼 후 카일라는 저와 상담을 통해 상처를 치유했고, 나르시시스트와 결혼해 그와 함께 부모가 된다는 게 무엇을 의미하는지 이해한 뒤 아들의 마음도 살피기 시작했습니다. 이제는 확고한 경계를 정하고 비로소 나르시시스트의 상처로부터 해방되었죠.

카일라처럼 배우자나 아이, 부모가 나르시시스트였던 피해자들은 삶을 변화시키기 위해 용기를 내고 그 고통의 과정을 걷는 데 주저합니다. 변화하지 않는 게 용기를 내는 것보다 쉬우니 굳이 고통을 겪어가면서 바뀌어야 하냐고 묻죠.

비록 삶에 존재하는 나르시시스트가 부모나 형제자매이고 그들과 좋은 추억이 많더라도 변화는 필요합니다. 그래야만 온전한 나로서의 행복을 누릴 수 있어요. 그리고 성장한 어른일지라도 마음에 상처를 입었다면 반드시 치유가 이루어져야 합니다.

만약 나르시시스트와 접촉하지 않았다면 계속해서 자신을 사랑하고 존중하는 법을 배워야 해요. 그래야 훗날 나르시시스트를 만나더라도 그들을 존경하고 그들에게 인정받기 위해 진짜 나를 희생하는 일은 없을 테니까요. 자신이 어떤 사람인지, 무엇이 자신에게 중요한지 제대로 아는 시간을 꼭 갖기 바랍니다.

나르시시스트는 자신에 대한 의존도를 높이기 위해 피해자의 정체성을 쉼없이 깎아내립니다. 따라서 회복 과정은 나의 정체성을 되찾는 것에서 시작됩니다.

잃어버린 직감을
되찾는 데 집중하세요

나르시시스트와 오랜 관계를 맺었든 짧은 관계를 맺었든, 피해자는 숱한 감정적 격변과 정신적 압박 때문에 지쳐버리게 됩니다. 그래서 저는 내담자들에게 혼란 속에서 살지 않고 자신이 하고 싶은 대로 결정을 내리는 게 어떤 기분일지 상상해보라 조언합니다. 내 말을 듣고 신경 써주는 사람과 대화하는 나, 무엇이 내게 기쁨을 주는지 깊이 살피는 나, 나와 어울리지 않는 것들에 대해 '아니오'라고 말하는 나, 평화로운 미래를 그리며 탐험하고 싶은 길을 갈 수 있는 나. 이런 자신을 발견하는 행복을 상상하면 힘든 치유의 과정도 힘내서 해낼 수 있으니까요.

제가 치유 과정에서 내담자들에게 익숙해지길 바라는 중요한 하나가 바로 직감입니다. 자아도취적 학대의 피해자들은 자신의 직감적인 반응을 탐색할 연결 고리를 잃은 것처럼 보이기 때문이죠. 그래서 진정한 내가, 찰나에 느낀 직감을 느끼고 알아채는 것은 나르시시스트의 매력에 빠지지 않는 가장 강력한 무기가 됩니다.

당신도 진정으로
행복해질 수 있습니다

이기적인 태도로 행동하는 사람과 진정으로 위험한 나르시시스트 사이에는 상당한 차이가 있습니다. 나르시시스트는 자기중심적 성향 그 이상이며, 자아도취적 특성은 타인에게 심각하게 유해한 결과를 불러옵니다. 나르시시스트가 자기 욕구를 충족하기 위해 얼마나 죄책감 없이 타인의 정신을 해치는지 알아차리기 바라요.

다행히도 나르시시스트에게서 도망갈 수 있고 그에게서 받은 상처를 치유할 수 있습니다. 나의 정체성을 되찾음으로써 상처를 치유하고 스스로를 사랑하며, 자신의 직감과 본능을 믿으면 돼요. 이어지는 2파트에서 나르시시스트와의 경험을 이해하며 이를 통해 나르시시스트로부터 벗어나 건강한 인간관계를 맺어나갈 기술을 익혀보세요.

힘겨운 시기를 위한 마음 챙김 명상

명상을 하기 위해 특별히 알아야 할 지식이나 준비해야 할 도구는 없어요. 명상의 목표는 생각을 통제하고 현재에 머무는 것이므로 언제 어디서나 할 수 있습니다.

1. 편안하고 조용한 자리(의자, 바닥, 침대, 책상)를 찾는다.
2. 몸을 꼼꼼히 훑어보면서 긴장하고 있는 부위가 어딘지 살핀다. 만일 긴장감이 느껴지는 곳이 있다면 그 부위를 중점적으로 스트레칭하며 풀어본다.
3. 눈을 감고 호흡에 집중한다. 긴 숨을 들이마시고 내쉬면서 가슴이 오르내리는 것을 느낀다. 깊은 호흡을 위해 빨대로 숨 쉰다 생각하고 길고 천천히 호흡한다.
4. 생각이 흐트러지는 것 같다면 그 이유를 찾으려 하지 말고 그냥 다시 호흡에 집중한다.

명상은 쉬워 보이지만 약간의 연습이 필요합니다. 중요한 건 자신을 다정히 대하는 것이죠. 처음엔 1분만 집중하는 걸 목표로 시작하고 연습을 통해 점차 명상 시간을 늘려가세요.

PART 2

치유를 향한 매일의 연습

" 내게 가장 친절하고 싶어요 "

지금부터는 학대적인 관계로부터 받은 상처를 치유하고 자유를 되찾는 데 집중해봅시다. 저는 그 과정으로서 회복하는 데 도움이 되는 연습들과 자신을 사랑하고 돌보게 해주는 실습, 조언들을 제안할 거예요. 또 자아도취적 학대의 피해자들에게 당신은 혼자가 아님을 알려주고자 같은 경험을 했던 사람들의 실제 이야기도 자세히 살펴보려 합니다. 치유에 성공해 삶을 변화시킨 이들의 이야기를 통해 원하는 대로 살아가겠다는 나와의 약속을 해보기 바랍니다.

CHAPTER 03

치유 1단계: 학대를 인정하기

나르시시스트와의 관계로 인한 피해를 인지하고 이를 바르게 고칠 기술과 도구들을 알아봅시다. 회복의 기반을 다지기 위해 해야 할 가장 중요한 일 두 가지는 경험을 인정하는 것과 그게 진실이라는 것을 수용하는 거예요. 인정과 수용은 상황을 있는 그대로 받아들임으로써 '만약에' 사고방식('내가 더 일찍 떠났었다면 좋았을 텐데'와 같이 상황이 달랐었다면 하는 바람)에서 벗어나 회복을 향한 행동으로 나아가는 데 도움이 됩니다. 여러 연습들을 통해 우리는 경험한 것을 처리하고 강요된 통제와 조작을 진정으로 이해하기 시작할 거예요.

자책에서 벗어나
학대임을 인정하세요

근본적 수용은 판단하지 않고 현실을 있는 그대로 인정하는 걸 말합니다. 여기에는 상황이 달라지기를 바라거나 씁쓸함, 협상하고 싶은 마음 등 어떤 감정이 포함되지 않아야 합니다. 예를 들어 '내가 그렇게 심하게 주장을 펴지 않았다면 우리는 더 잘 지낼 수 있었을 거야' 하고 만약을 가정한다면, 이는 근본적 수용이 아닙니다. 근본적 수용은 받아들이기 어려울 수 있지만 회복을 위해서는 꼭 필요합니다.

제 내담자 애나는 자아도취적 성향의 남편과 13년간 살면서, 결혼 생활에서 생긴 모든 문제들이 자신이 좋은 아내이자 엄마가 아니기 때문에 비롯된 것이라 확신하고 있었습니다. 그러다 저를 만나 치료를 시작하면서 비로소 남편이 언어적, 감정적, 때로는 신체적으로도 학대적이었다는 사실을 인정했습니다. 그리고 남편이 나르시시스트라는 것도 받아들였죠. 애나는 남편이 공감 능력이 있는 좋은 아빠이자 남편이라고 믿어왔지만, 이젠 그것이 그저 애나 자신의 바람일 뿐 실제 남편은 그런 사람이 아니라는 걸 근본적으로 받아들인 거예요.

인정과 수용의 지점에 이르자 애나는 스스로 경계를 만들어 유지할 수 있었고, 이는 궁극적으로 자신과 아이들에 대한 남편의 학대를 더 이상 받아들이지 않는다는 걸 의미했습니다. 애나는 건강한 우정과 가족 관계에 관심을 쏟기 시작했고, 자신을 지원해줄 강력한 울타리를 만들어나갔습니다. 이 울타리는 나르시시스트와의 관계에서 살아남는 것 외에도 결혼 생활을 끝낸 뒤 애나가 정체성을 회복하고 자기 삶을 가꿔가는 데 큰 힘이 되었죠.

잠시 시간을 내서 자신이 회복 과정의 어디쯤에 있다고 느끼는지, 또 어디쯤에 있고 싶은지를 생각해보세요. 이는 내가 지금 어느 지점에 와 있는지, 무엇을 느끼고 있는지, 그리고 기분이 나아지기 위한 첫 단계로 무엇을 해야 하는지를 순수하게 바라보며 과거와의 싸움을 멈추는 데 도움이 됩니다.

나의 현재 파악하기

Q1. 자신에 대해 느끼는 감정(만족한다, 자신감이 부족하다 등)을 문장으로 써보세요.

Q2. 자신에 대해 어떻게 느끼고 싶은지(수용적이다, 자신감이 넘친다 등)를 문장으로 써보세요.

피해 경험을
이야기하는 것의
효과

저는 여러 내담자를 만나면서 나의 경험을 이야기하는 작업이 피해자 스스로에게 얼마나 중요한지 잘 알게 되었습니다.

먼저 저의 경험부터 말해볼게요. 저는 두 명의 나르시시스트와 관계를 맺어본 적이 있습니다. 하나는 항상 노골적으로 저를 누르려 한 친구였습니다. 그 친구의 악의는 너무나 잘 보였기 때문에 심적 상처는 받았지만 적당히 물러날 타이밍을 잡을 수 있었죠.

하지만 다른 나르시시스트는 달랐습니다. 바로 은밀한 나르시시즘을 펼치는 연인이었거든요. 그는 교묘히 자아도취적 학대를 행했는데, 안타깝게도 전 당시 너무 어렸고 깊은 사랑에 빠져 있어 상황을 명확히 볼 수 없었습니다. 그렇게 은밀한 나르시시스트와 저는 가족이 되었고, 그는 향후 몇 년간 아이들 때문에 계속해서 제 삶에 머물렀습니다. 그

기간 동안 제가 얼마나 힘겨웠을지는 여기서 말로 다 풀기도 어렵네요.

그래서 저는 자기 직관을 믿고 강한 경계를 갖는 게 얼마나 중요한지 제 경험을 들어 이야기할 수 있습니다. 이 책에서 제안하는 여러 기술과 도구들은 '그 상황을 겪었던' 사람으로서 제가 선택한 것들이죠.

앞으로 해볼 연습과 조언, 그리고 실습에 많은 시간을 할애하길 권합니다. 일부 활동은 불편하게 느껴질지도 몰라요. 하지만 믿음을 가지고 잘 따라온다면 여러분의 내면에 숨겨진 힘을 발견할 수 있습니다. 이제 나의 삶을 통제하기 위한 도구들을 만들어볼까요?

나의 취약점 수집하기

나의 경험에서 우려난 치유가 가장 효과가 있습니다. 그래서 자신의 취약점에 관한 리스트를 수집하면 목표를 설정하는 길이 좀 더 편해집니다. 다음 리스트를 보고 자기 경험에 맞거나 어울린다고 느끼는 문장에 체크해보세요.

- ☐ 사람들을 의심하는 편이다.
- ☐ 스스로에게 최악의 비평가이다.
- ☐ 칭찬을 쉽게 받아들이지 못한다.
- ☐ 나 자신을 친절하게 대하는 게 어렵다.
- ☐ 스스로를 온전하거나 완전하다고 느낀 기억이 없다.
- ☐ 누군가의 요청에 '아니오'라고 말하면 죄책감이 든다.
- ☐ 무언가를 해야 한다는 생각을 하지 않고 가만히 앉아 있을 수가 없다.
- ☐ 자기 자신을 무조건 사랑하고 받아들이는 게 무엇을 의미하는지 이해한 적이 없다.
- ☐ 다른 사람들이 나를 사랑할 가치가 있다고 느끼도록 무언가를 성취해야 할 것만 같다.

이들 문장 중 가장 큰 반향을 불러일으키는 두세 개의 문장을 다음에 이어지는 치유의 목표를 설정하는 데 활용하세요. 두세 개의 목표에 집중해야 치유 과정을 감당할 수 있으며 성공 가능성도 높일 수 있습니다.

작지만 확실한 치유의 목표를 설정하세요

　　　　　　　　이전 연습의 체크리스트에서 선택한 문장을 지침으로 삼아 치유의 목표를 설정합니다. 목표는 되도록 명확하고 내가 꾸준히 관리할 수 있어야 합니다. 그러려면 거창하기보단 바로바로 실천할 수 있는 작은 목표면 더 좋겠죠.

　예를 들어 '누군가의 요청에 '아니오'라고 말하면 죄책감이 든다'라는 문장을 선택했다면 간단하게 관리하고 이룰 수 있는 목표는 '누군가 무언가를 요청할 때는 '예'라고 말하기 전에 시간을 두고 내 마음을 확인한다'가 될 수 있습니다.

　'나 자신을 친절하게 대하는 게 어렵다'라는 문장에 공감한다면 목표는 '부정적인 자기 대화Self-talk를 감지하면 즉시 멈추고 스스로에게 친절하게 말한다'가 될 수 있습니다. 그리고 그 친절한 말들은 '누구나 실수를 한다'라거나 '나는 무슨 일이 있어도 사랑할 가치가 있는 사람이다'라는 식의 용서를 담은 문장이 되겠죠.

  작은 목표는 보기엔 아무것도 아닌 것 같지만 치유와 회복 과정을 거치면서 여러분 삶에 큰 변화를 가져오는 보물이 될 것입니다.

**치유의 목표
설정하기**

Q. 나의 취약점을 개선할 치유의 목표를 써보세요. '선택한 취약점 → 치유의 목표' 순서로 적어봅니다.

예) 누군가의 요청에 '아니오'라고 말하면 죄책감이 든다.
→ 누군가 무언가를 요청할 때는 '예'라고 말하기 전에 시간을 두고 내 마음을 확인한다.

목표를 세분화하면 실천이 쉬워집니다

                  이전 연습에서 만든 치유의 목표를 잘 달성하기 위해 세분화된 목표를 생각합니다. 예를 들어 '누군가 무언가를 요청할 때는 '예'라고 말하기 전에 시간을 두고 내 마음을 확인한다'라는 목표를 달성하기 위해서 '요청에 관한 내 반응을 더 잘 알고 싶다', '결정을 내릴 때 직관 또는 본능을 믿는 법을 배우고 싶다' 등을 생각하는 것이죠. 목표를 관리 가능한 목표로 세분화하면 달성 가능성이 더욱 커집니다.

  앞서 정한 치유의 목표들을 잘 달성하기 위해 배워야 하는 것이나 마음가짐 등을 살펴보세요. 이번에도 거창하게 생각하지 말고 단순하게 생각하기 바라요. 그래야 목표를 향해가면서 잘 나아가고 있는지 깊이 살펴볼 수 있습니다.

| 치유의 목표를 위한 세분화 목표 생각하기 | Q. 치유의 목표를 돕는 세분화된 목표를 써보세요. '치유의 목표 → 세분화 목표' 순서로 적어봅니다.
예) 누군가 무언가를 요청할 때는 '예'라고 말하기 전에 시간을 두고 내 마음을 확인한다.
→ 요청에 관한 내 반응을 더 잘 알고 싶다. 결정을 내릴 때 직관 또는 본능을 믿는 법을 배우고 싶다. |

아주 구체적인
행동 지침을 만드세요

치유를 위해 세분화한 목표에 맞는 구체적인 행동 지침을 만들어보세요.

앞서 예시로 '누군가 무언가를 요청할 때는 '예'라고 말하기 전에 시간을 두고 내 마음을 확인한다'라는 치유의 목표를 잘 달성하기 위해 '요청에 관한 내 반응을 더 잘 알고 싶다'는 세부 목표를 세웠었죠. 이번엔 이 세분화 목표를 위해 행동 지침으로 '몸 어느 부위에 긴장감이 맴도는지 확인하기 위해 상대의 요청을 받은 뒤 10초간 시간을 가질 것'을 설정할 수 있습니다. 혹은 '요청을 받고서는 "여기에 관해 생각할 시간이 필요해"라는 말로 응답할 것'이라고도 할 수 있겠네요.

자신에게 가장 좋은 게 무엇인지 생각할 시간을 갖는 것은 나르시시스트 때문에 흐려진 진짜 나를 찾아나가는 훌륭한 방법입니다. 이를 경계 설정이라고 하는데 이는 나중에 더 자세히 다루도록 하겠습니다.

세분화 목표를 위한 행동 지침 만들기

Q. 앞서 세분화한 목표를 달성하기 위해 필요한 행동 지침을 적어보세요. '세분화 목표 → 행동 지침' 순서로 적어봅니다.

예) 요청에 관한 내 반응을 더 잘 알고 싶다.
→ 몸 어느 부위에 긴장감이 맴도는지 확인하기 위해 상대의 요청을 받은 뒤 10초간 시간을 가질 것, 요청을 받고서는 "여기에 관해 생각할 시간이 필요해"라는 말로 응답할 것

자기 긍정 문장을
완성하세요

스스로의 취약점을 찾아 치유의 목표를 세우고 이를 달성하기 위한 세분화 목표와 행동 지침까지 설정했어요. 이쯤 되면 스스로를 자랑스레 여겨도 좋아요. 이 책에서 가장 어렵고 가장 중요한 부분을 지나온 거니까요.

이렇게 자랑스러운 나를 위해 잠시 시간을 내어 자기 긍정 문장을 적어봅시다. '나는 그동안 학대적인 관계를 맺어왔다는 걸 인정하며, 이에 맞설 용기가 생겼고 이제는 변화를 만들 의욕도 생겼다'라는 식일 수 있겠죠? 부담스럽다면 너무 자세히 적지 않아도 됩니다. 의미 있는 두세 가지 생각을 쓰고 자신을 안심시키기 위해 자주 들여다보세요.

**자기 긍정
문장 쓰기**

Q. 나를 위한 자기 긍정 문장을 세 문장 이상 써보세요.

예) 나는 그동안 학대적인 관계를 맺어왔다는 걸 인정하며, 이에 맞설 용기가 생겼고 이제는 변화를 만들 의욕도 생겼다.

'만약에'라는 굴레에서 벗어나세요

사람은 충격을 받거나 심한 정신적 고통을 겪으면, 무슨 일이 일어났는지 이해하기 위해서 많은 시간을 소비하게 됩니다. '내가 좀만 참았다면 우리 사이가 이렇게까지 망가지지는 않았을 텐데' 하며 자기가 만약 다르게 행동했다면 어땠을지를 스스로에게 물으면서 말이죠.

하지만 나르시시스트와의 관계에 있어서 우리 스스로 할 수 있는 최선의 일은 자아도취적 관계가 만들어내는 뇌 속의 안개를 걷어내고, 그 관계는 내가 진짜 원했던 게 아니라는 점을 받아들이는 것입니다. 그래야 앞으로 나아갈 수 있습니다.

브리짓 역시 '만약에' 때문에 고통받고 있었습니다. 브리짓은 몇 년 전 이혼했지만 전남편 빅터와 지속적으로 연락을 주고받고 있었습니다. 자아도취적 성향이 강했던 빅터는 계속해서 재결합을 하자며 브리짓을 옥죄었죠. 하지만 브리짓은 흔들리지 않기 위해 노력하며 거절했습니다. 그러던 어느 날 브리짓은 빅터에게 새 연인이 생겼다는 소식을 듣게 되었습니다. 순간 브리짓은 불안에 빠졌습니다. '만약 내가 빅터를 받아줬다면 어땠을까? 이혼하기 전에 내가 빅터를 참아주고 대화로 잘 풀어갔다면 그에게 새로운 연인이 생기지 않았겠지?' 브리짓은 계속해서 만약을 가정하며 스스로를 다그쳤습니다.

다행히 브리짓은 빅터가 결혼 생활 동안 퍼부었던 비난과 모욕을 기억해냈습니다. 이후 저와의 상담을 통해 회복하기 시작했고 경계를 설정하고, 또 자신에게 다정하게 말하는 법을 배웠습니다. 그리고 마침내 자아 수용Self-acceptance을 느끼며 삶에 평화를 이루었습니다.

혹시라도 나르시시스트와의 관계를 돌아보며 계속해서 '만약에' 하며 자기 자신을 다그치고 있다면, 그에 이의를 제기하세요. 예를 들어 나르시시스트와 관계가 어그러진 후 그가 나를 비난하는 상황에서 '만약 내가 좀 더 그 사람을 이해하고 인내했다면 어땠을까?' 하는 생각이 든다고 칩니다. 이에 대한 이의 제기는 다음과 같습니다.

'그때 난 내 정신 건강이 해로워질 행동까지 할 정도로 과도하게 참았어. 안 그래도 됐었는데. 지금이라도 관계를 끊은 게 잘한 일이야.'

'만약에'에 이의 제기하기

Q. '만약에'라는 후회가 계속되는 일을 찾아 이의를 제기해보세요. '만약에 문장 → 이의 제기' 순서로 적어봅니다.

예) 만약 내가 그 사람의 부탁을 다 들어주었다면 그가 나에게 실망하는 일은 없지 않았을까? → 그가 내게 부탁했던 것들은 모두 내가 들어주기 어려운 것들이었어. 난 최선을 다해 도와주었으니 후회할 건 없어.

나르시시스트와의 시간이 로맨틱하게 느껴지는 이유

　나르시시스트와의 관계가 힘겨운 이유는 나르시시스트의 행동이 내 기분을 상하게 한 건지, 기쁘게 한 건지 한번에 인식되지 않는다는 데 있습니다. 그래서 나르시시스트와의 관계에서 좋았던 시간과 좋지 않았던 시간을 구분해 기록해봐야 합니다.

　좋았던 때와 좋지 않았던 때를 명확히 비교해본다면, 아마 나르시스트와 함께했던 시간들은 나르시시스트의 그릇된 조작으로 로맨틱하게 잘못 인지하는 일이 더 잦았음을 알 수 있을 거예요. 이를 인지 왜곡 Cognitive Distortion이라 부릅니다.

　피해자들은 로맨틱하게 기억된 순간들이 너무 간절해서 나르시시스트의 나쁜 행동들을 많이 용서하게 됩니다. 이처럼 몇 개의 좋은 기억에 집착하는 건 피해자를 유해한 관계로 되돌아가게 하고 그 관계를 되찾으려 집착하는 위험에 빠뜨립니다.

좋았던 때와 좋지 않았던 때 구분하기

Q1. 나르시시스트와 함께 있을 때 좋았던 적이 있나요? 혹은 좋았던 것이 있었나요?

예) 내가 원하는 타이밍에 전화를 끊었던 것

Q2. 나르시시스트와 함께 있을 때 기분이 나빴던 적이 있나요? 혹은 좋지 않았던 것이 있었나요?

예) 책임 소재가 불분명한 잘못의 원인을 나에게서만 찾게 되었을 때

감사 명상

감사한 것들에 몇 분간 주목해봅시다. 감사 명상은 매일 하루를 시작할 때 하면 좋아요. 하루의 전체 분위기를 어떻게 만들어나갈지 결정할 수 있거든요. 자기 전에 하면 좀 더 편안한 수면을 취할 수 있습니다.

1. 조용하고 편안한 공간에 앉거나 눕는다.
2. 눈을 감거나 눈 주변의 긴장을 푼다.
3. 감사하게 생각하는 세 가지를 생각한다. 아침에 마시는 커피부터 지금 살고 있는 집까지 뭐든 좋다. 그것들이 만들어내는 좋은 감정과 추억들을 떠올린다.

감사할 만한 소재가 다 떨어지지 않길 바랍니다. 명상할 때는 그 대상에 고마음을 전하는 의미로 얼굴에 미소를 띄워보세요. 우리를 둘러싼 작지만 소중한 것들이 여러분의 마음을 좋은 방향으로 이끌 거예요.

지금 이 순간의
나에게 집중하는 연습

　　　　　　　　피해자들은 나르시시스트와의 상호작용을 마음속에서 반복하기 쉽습니다. 나르시시스트가 했던 말도 안 되는 행동과 거짓들을 이해하려 노력하면서 말이죠. 피해자는 하루에 몇 시간이고 마음속에 있는 사건들을 회상하며 시간을 허비하기도 합니다.
　만일 생각의 물꼬가 과거의 토끼 굴로 자꾸만 들어가려 한다면 모든 생각과 행동을 멈추고 현재의 나에게 집중하는 시간을 가져보세요. 지금 내가 느끼고 생각하는 것들에 집중할수록 나르시시스트가 남겨놓은 상처로부터 멀어질 수 있습니다.

현재의 나에게 집중하기

Q1. 지금 눈앞에 보이는 것 다섯 가지를 찾아 집중하세요.

Q2. 지금 느끼는 감각 네 가지에 집중하세요.

Q3. 지금 귀에 들리는 소리 세 가지에 집중하세요.

Q4. 지금 맡을 수 있는 냄새 두 가지에 집중하세요.

Q5. 지금 맛볼 수 있는 맛에 집중하세요. 혹은 좋아하는 맛이나 음식을 떠올려보세요.

나를 도와줄
위기 핫라인을
만드세요

학대적 관계에 처한 내담자에게 치료사들은 위기 극복 계획을 세우라고 조언합니다. 그중 주변의 지지는 아주 중요해요. 혼자만의 힘으로는 학대적 관계를 벗어나기도, 알아채기도 힘들기 때문이죠.

힘들 때 연락할 수 있는 사람을 적어도 두 명 이상은 마련해두세요. 더 있어도 좋아요. 물론 아무 때고 연락할 사람을 만들기 어려운 분들도 있을 겁니다. 나르시시스트는 피해자가 다른 사람들과 멀어지도록 공을 들였기 때문에 그 결과로 주변에 친구나 동료 심지어는 가족조차 없는 경우가 종종 있거든요. 그러니 낙담할 필요는 없어요. 자신에게 엄격한 판단의 잣대를 들이대지 않는 게 자아도취적 학대 치유에 있어 가장 중요한 부분인 걸 잊지 않았죠? 도움을 받을 수 있는 상담 센터의 연락처를 알아두는 것도 좋은 대안입니다.

나를 지지해줄 사람들은 내가 감정에 압도당할 때를 대비한 위기 핫라인입니다. 그러니 고통스러울 때는 그들에게 전화하거나 문자 메시지를 보내세요.

지원, 인정 및 수용을 통해 정상 궤도에 오르기

자아도취적 학대로부터의 회복은 외로운 여행처럼 느껴질 수 있습니다. 하지만 비슷한 경험을 한 다른 사람들과 연결되면 그럴 만했다고, 그런 상황도 있을 수 있다고 안심할 수 있습니다. 이런 연결은 치유와 회복 과정에서 피해자를 정상 궤도에 올려놓고 특정한 인지 왜곡에 다시 빠지지 않게 막아줍니다.

예를 들어 자아도취적 성향의 가족에게 늘 통제당하다 한 번 좋은 대우를 받고 그를 믿어도 되는지 혼란스러워질 때, 비슷한 상황에 있었던 사람들이 그것 역시 나르시시스트가 존경을 받기 위해 한 행동에 불과함을 알려준다면 혼란을 줄일 수 있습니다.

자아도취적 학대를 비롯한 정서적 학대에 대한 지원 그룹을 찾을 기회는 이전보다 훨씬 더 많아졌습니다. 상담가나 상담 기관 등 다양한 곳에서 피해자를 돕기 위해 기다리고 있습니다.

**위기 핫라인
연락처
만들어두기**

Q. 깊은 고통에 압도당할 때 긴급히 전화할 사람 둘을 정해 이름과 연락처를 적어보세요.

관계가 아닌
나 자신에게
집중하는 법

　　　　　야생에서 살아가는 동물들은 언제나 생존 모드입니다. 포식자가 언제 덮칠지 모르니 늘 긴장하고 포식자의 행동에 신경을 곤두세우고 있죠. 마찬가지로 피해자들은 자기 욕구는 잊으면서 늘 나르시시스트의 눈치를 보며 살아갑니다.

　자아도취적 학대의 상처를 치유하고 진짜 나의 정체성을 되찾으려면 이러한 생존 모드를 꺼야 합니다. 다른 이와의 관계에 초점을 두는 게 아니라 나의 관심사나 취미에 먼저 눈을 돌려야 합니다. 계속해서 진짜 나와 접촉해야 하는 거죠.

　나의 흥미를 유발하는 활동을 리스트로 만드세요. 악기 연주나 봉사 활동, 정원 가꾸기, 책 읽기, 반려동물과 시간을 보내는 것 등이 될 수 있겠죠. 사랑하는 무언가를 발견하는 건 삶에 활기를 가져오고 새로운 자아의식도 발견하는 기회를 줄 것입니다.

**나의 흥미를
유발하는 활동들**

Q. 관심사와 취미를 나열해보세요.

수치심은
나르시시스트가 부여한
감정입니다

다음 챕터로 넘어가기 전, 여러분에게 한 가지 바람이 있습니다. 바로 여러분이 수치심을 조금이나마 떨쳐내고 자신의 위대함에 초점을 맞추길 바란다는 것이에요.

수치심은 내가 나쁜 사람이 된 것 같거나 가치가 없는 사람인 것처럼 느끼는 것으로, 영혼에 독과 같습니다. 우리 삶에 그 어떤 도움도 되지 않아요. 그런데 나르시시스트와 함께하다 보면 어쩔 수 없이 수치심을 느끼게 됩니다. 나르시시스트는 수치심을 들게 하여 피해자에 대한 통제권을 쥐려고 하니까요.

수치심과 반대되는 감정은 솔직함입니다. 진짜 나를 솔직하게 바라보고, 진짜 감정을 솔직하게 표현하는 건 통제권을 나르시시스트에게 넘겨주지 않고 내가 가지는 일이나 마찬가지입니다.

미래의 자신에게 편지 형태로 자기 이야기를 써보세요. 내가 나르시시스트의 눈치를 보며 관계를 이어가기 위해 어떤 일을 했었는지 쓰는 겁니다. 편지를 다른 사람과 공유할 필요는 없어요. 그저 이야기를 써 내려가며 치유를 위한 한 걸음을 내딛는 거니까요. 그러니 부담 없이 솔직하게 써보세요.

단, 자신을 비난하지 않도록 조심하세요. 그냥 어떤 일이 있었고, 그 과정에 대해 솔직하게 생각한 바를 쓰되 이를 계기로 상처 치유를 꼭 해내겠다는 다짐을 하면 됩니다.

만약 더 많은 공간이 필요하다면 다른 노트에 자유롭게 쓰셔도 좋습니다.

미래의 나에게
보내는 편지

나르시시스트와의 관계에서 현재까지 내가 어떠했는지, 미래의 나에게 편지를 씁니다. 최대한 솔직하게, 그러나 자신을 비난하지 않으며 써보세요. 미래의 나는 분명 상처를 치유하고 자아를 회복한 상태일 테니 이 편지를 기쁘게 읽어줄 거예요.

To. 미래의 나에게

_____

_____

_____

_____

_____

_____

_____

자기 자신을
가까이서 바라보려는
용기

        이번 챕터에서는 치유를 향한 첫발을 내디뎠습니다. 가장 중요한 포인트는 일어난 일을 인지하고 받아들이는 것이었죠. 그래야 다시는 유해한 관계에 있는 자기 모습을 보지 않을 수 있거든요. 더 깊은 차원에서는 성장과 치유를 위한 추가적인 영역을 인지하는 데 도움이 되고요. 이를테면 나르시시스트에게 취약해진 원인이 어린 시절에 받은 숨겨진 상처 때문이라는 걸 깨닫는 것처럼요.

  자신을 가까이서 바라보려면 용기가 필요합니다. 다음 챕터에서 자신을 사랑하고 받아들이는 법을 배워볼 거예요. 자기애를 발견하고 받아들일 때, 비로소 완전히 다른 시각으로 세상을 보고 훨씬 더 온전히 삶을 경험할 수 있으리라 확신합니다.

CHAPTER 04

치유 2단계: 나 자신과 감정 돌보기

4챕터에서는 음흉한 정서적 학대로부터 입은 상처를 치유하는 데 가장 중요한 지점을 다룰 거예요. 감히 단언하지만, 치유를 향한 가장 중요한 두 가지 변화는 자신을 있는 그대로 사랑하고 받아들이는 것, 그리고 자기 직감을 믿는 것입니다.

나르시시스트는 피해자와 함께 있는 동안 계속해서 피해자에 대해 거짓말을 합니다. 피해자는 점차 진짜 자신이 어떤 사람인지를 잊고 만신창이가 되어버리죠. 결국 핵심 자아와 연결 고리가 끊기고 맙니다.

스스로를 사랑하고 존중하는 법을 배우면 나르시시스트 때문에 끊긴 나와의 연결 고리를 다시 이을 수 있습니다. 그러면 자기 감정과 반응을 신뢰하게 되고, 이것들이 나르시시스트를 불쾌하게 만들까 봐 무시하는 일은 없어질 것입니다. 또한 무언가가 옳지 않다고 느껴지면 그것에 주의를 기울이고 잠재적인 해로움으로부터 스스로를 보호하라는 마음의 소리도 잘 들을 수 있게 됩니다.

자기 감정을
알아채는 연습

줄리안은 아버지와의 관계에서 매번 고통을 느껴왔습니다. 줄리안의 아버지는 어릴 때부터 아들의 감정과 고민에 공감해주는 법이 없었습니다. "내 아들이 무식할 수는 없어." 아버지는 항상 멋진 자신에게서 무식하고 나약한 아들이 태어날 리는 없다며 줄리안을 다그쳤죠. 그래서 줄리안은 교우 관계로 힘들 때도, 원하는 진로가 있지만 가업을 잇기 위해 포기해서 외로울 때도 아버지에게 솔직히 자기 감정을 말하지 못했습니다.

그렇게 줄리안은 자기 감정을 제대로 파악하지 못하는 어른으로 성장했습니다. 항상 아버지가 바라는 가정의 평화를 유지하기 위해 분주히 살았기 때문에 자신이 처한 고통을 생각할 겨를이 없었죠. 그저 막연히 '이러다가 미칠 것 같다'라고만 생각했을 뿐이었습니다.

이후 줄리안은 마찬가지로 자아도취적 성향이 강한 아내와 결혼하고 점점 더 파멸에 가까운 삶을 살아가다가 저를 만나 치유를 시작했습니다. 저는 줄리안이 자아 발견Self-discovery을 할 수 있도록 도왔습니다. 우선 줄리안의 아내가 나르시시스트이며 그의 아버지 역시 자아도취적 성향이 강한 사람이라는 걸 받아들이게 했습니다. 특히나 아버지는 세대 차이도 있고 부자 관계라는 점에서 더욱 줄리안을 통제하기 쉬웠다는 점을 깨닫게 했죠. 줄리안은 치유를 해나가며 아버지가 자신과의 관계에서 어른으로서 존경을 받는 데 몰두해 있었음을 알아챘습니다.

줄리안은 이 책에 실린 내용과 비슷한 연습을 했고 자신에 관한 것들을 배웠습니다. 또한 자신에게 일어난, 일어나고 있는 상황을 살피고 재평가했죠. 여러 연습 중에서도 몸이 보내는 경보음(직감적 반응Gut Reaction)을 알아채는 연습을 중점적으로 했는데, 줄리안의 경우 팔이 긴장하는 정도를 통해 자기 감정과 직감이 어떤지를 느꼈습니다.

스스로를 존중하는 법을 배우자 줄리안은 자신뿐 아니라 아이들, 주변 사람들도 사랑하게 되었습니다. 그리고 유해한 관계는 끊어내고 사랑하는 사람들과의 시간은 더욱 늘리는 선택을 하게 되었죠.

줄리안의 사례처럼 신체적으로나 감정적으로 내가 지금 어떻게 느끼고 있는지를 아는 것이 제일 중요합니다. 여러 번 말씀드렸다시피, 나르시시스트는 피해자가 진짜 자기가 느끼는 걸 모르게 하여 종국엔 자아의식까지 흐트려놓으려는 목표를 가지고 있으니까요.

잠시 시간을 내어 기분이 어떤지 간단히 확인하는 것만으로도 큰 도움이 됩니다. 나의 감정을 자유롭게 적어보고, 그 감정을 3챕터에서 세운 치유의 목표와 연관시켜보세요(70쪽). 감정이 목표와 일치하는지 확인하는 데 도움이 될 겁니다.

나의 감정과 치유 목표

Q1. 나르시시스트와 만났을 때 느꼈던 감정들을 자유롭게 적어보세요.

Q2. 3챕터에서 세운 치유의 목표와 Q1에 적은 감정을 연관시켜보세요. 그 감정들은 치유의 목표를 달성하는 데 방해가 되나요, 도움이 되나요? 아니면 아예 관련이 없나요?

예) 나르시시스트를 만나면 항상 죄책감이 든다. 이런 죄책감은 '누군가 무언가를 요청할 때는 '예'라고 말하기 전에 시간을 두고 내 마음을 확인한다'라는 나의 치유의 목표에 방해가 된다. 그가 내게 요구할 때 거절을 하려고 생각만 해도 죄책감이 들어서 결국 들어주고 말기 때문이다.

몸이 하는 말에
귀 기울이기

직감이나 신체적 반응을 확인하고 신뢰하는 법을 배워봅시다. 이 과정은 핵심 자아에 접근하고 그것을 돌보는 데 꼭 필요합니다.

1. 발을 바닥에 단단히 디딘 상태로 편안하게 앉거나 눕는다.
2. 밝은 빛이 정수리에서 시작해 머리에서 목, 어깨로 흐르는 상상을 한다.
3. 긴장한 부위가 있다면 집중해보고 차분히 근육을 풀어준다. 턱을 펴고 어깨에 힘을 빼면 도움이 된다.
4. 몸통과 엉덩이, 팔, 다리, 발을 거쳐 아래로 내려가면서 긴장된 근육을 풀어준다.

매일 이 연습을 하면 긴장을 풀고 몸이 나에게 전하는 위기 또는 행복의 메시지를 읽을 수 있습니다.

잘 먹고 잘 쉬는 것도
자기 관리입니다

　　　　　자신을 사랑하는 건 아주 기본적인 관리에서부터 시작됩니다. 요즘 사람들은 일이 바쁘고 많은 불안과 스트레스에 둘러싸여 살아갑니다. 그래서 스스로를 돌보는 기본 요소들을 쉽게 무시하곤 하죠. 하지만 이 기본 요소들을 지켜야 나를 향한 사랑이 싹을 틔웁니다.

　저는 제 내담자들이 제때 잘 먹고, 물도 자주 마시고, 충분히 쉬는 걸 잊고 있는 모습을 자주 봅니다. 그럴 때면 너무 안타까워요. 나를 위한 기본적인 관리가 없다면 자아 형성과 정체성 확립은 요원한 일이기 때문입니다.

　기본적인 자기 관리를 수행하며 이를 기록해보세요. 생각보다 내가 나를 위해 아주 기본적인 것들조차 무시하고 있음을 알게 될 것입니다.

──────── **자기 관리 기록하기** ────────

일주일간 다음의 자기 관리들을 체크해보세요. 성실히 수행했으면 '예', 아니라면 '아니오'라고 적으면 됩니다. 혹은 스스로 10점 만점을 기준으로 점수를 줘도 좋아요. 한 주간 적은 후 내가 나를 얼마나 신경 써주고 있는지 평가합니다. 이 관리 항목 외에 스스로 무시하고 있다 느껴지는 관리 지점들을 적고 확인하고 변화해나가세요.

	하루 1.5리터 물 마시기	한 끼 이상 건강식 먹기	자정 이전에 잠자리에 들기
월요일			
화요일			
수요일			
목요일			
금요일			
토요일			
일요일			

자기 관리에 관한 더 깊은 고찰

자기 관리가 꼭 멋진 몸매를 만들고 비싼 스파를 즐기는 것만을 의미하지는 않습니다. 오히려 더 간단해요. 자기 관리의 본질은 몸과 마음에 작은 주의를 기울이는 것이에요.

그래서 자신의 환경을 돌보는 일뿐 아니라 나를 잘 알기 위해 노력하는 것 역시 자기 관리입니다. 혹시 사람들과 함께 있으면 에너지가 빨리 고갈되나요? 아니면 퇴근한 뒤엔 반드시 혼자만의 시간이 필요할 수도 있고요. 반대로 에너지를 얻기 위해선 다른 사람들의 지지가 있어야만 하는 사람도 있을 겁니다. 내가 어떨 때 에너지를 얻는 타입인지 잘 알아야 몸과 마음이 편하고 다른 자기 관리도 해낼 수 있습니다. 이건 한 가지 예일 뿐, 이 외에도 나를 알기 위한 다양한 영역이 있습니다.

저는 여러 일을 펼쳐놓고 흘러가게 놔두기보단 한 가지 일에 집중하는 걸 더 좋아합니다. 그래서 직장에서는 딱 업무에만 몰두하고 집에 돌아와서는 가족만 생각하려고 노력합니다. 가끔 심각한 상황에 처한 내담자를 만나면 집에 돌아가서도 걱정에 마음이 무겁습니다. 그러면 아이들과 함께 시간을 보내기도 힘들죠. 이럴 땐 집에 들어가기 전 카페 같은 곳에 들러서 혼자 잠시 시간을 보냅니다. 마음을 고요히 만들기 위해서죠.

이처럼 자기가 뭘 좋아하고 싫어하는지를 아는 건 스스로에게 다정함과 존중, 사랑을 보여주는 가장 빠른 방법입니다.

변하지 않는
핵심 자아를 발견하세요

이제 진정한 나, 즉 핵심 자아^{Core Self}를 찾아가봅시다.

내향적인 사람과 외향적인 사람은 어디에서 에너지를 끌어내는가에서 차이가 생기죠. 저는 이러한 성향적 특성을 바탕으로 여러분이 핵심 자아를 찾도록 돕고자 합니다. 어떻게 다른 사람들과 상호작용하고 어떤 방식으로 자기 시간을 보내는 걸 선호하는지 알면 자신의 진정한 모습을 발견할 수 있을 거예요.

나의 성향 알아보기

다음 문장들 중 공감이 가는 문장에 체크해보세요.

내향적 특성
- ☐ 고상한 생각보다 명확한 사실을 더 좋아한다.
- ☐ 위험을 감수하고 도전하는 걸 좋아하지 않는다.
- ☐ 잘 아는 사람이 아니면 속마음을 드러내지 않는다.
- ☐ 사회적 상호작용을 한 뒤에 재충전할 시간이 필요하다.
- ☐ 결정을 내리기 전에 생각할 시간을 충분히 갖는 편이다.
- ☐ 많은 사람과 어울리기보다 한두 명의 사람과 교류하는 걸 더 좋아한다.
- ☐ 다른 사람과 장기간 대화하는 것보다 홀로 생각하며 시간 보내는 걸 선호한다.

외향적 특성
- ☐ 주목받는 걸 좋아한다.
- ☐ 보상에 의해 동기를 부여받는다.
- ☐ 여러 사람 앞에서 말하는 게 편하다.
- ☐ 위험한 행동에 나서기를 꺼리지 않는다.
- ☐ 결과를 깊이 생각하지 않고 결정을 내리는 편이다.
- ☐ 낯선 사람이건 친한 사람이건 상관없이 솔직하게 대한다.
- ☐ 사교적인 상황에서 활력을 느끼고 그런 기회를 많이 만들려고 한다.

위 문장들은 두 성격 유형을 설명하는 완벽한 리스트는 아니지만 체크를 하며 자신이 어디에 속하는지 대략적으로 가늠하게 해줍니다.

성향에 따라
나르시시스트 대처법도
달라집니다

확인한 성향은 나르시시스트를 대할 때 어떻게 의사소통하고 상호작용할지를 결정하는 데 도움이 됩니다.

예를 들어, 혼자 있을 때 에너지를 보충하는 내향적인 사람이라면 나르시시스트가 피해자와 계속 상호작용하며 에너지를 고갈시킨다는 점을 분명히 알고 그와 어느 정도 상호작용할 것인지, 그 양과 질에 관한 경계를 설정합니다. 회사 동료가 나르시시스트여서 점심 식사 후 짧은 휴식 시간에도 떨어지지 않고 옆에서 끊임없이 자기 자랑을 한다고 상상해봅시다. 그럴 땐 차라리 빨리 책상 앞으로 돌아가 업무할 준비에 들어가는 자세를 취하여 동료를 차단해버리면 됩니다. 반대로 외향적 성향이 강한 사람은 나르시시스트가 자꾸 말을 무시하려 들 수 있으니, 그럴 때 다시 의견을 이어갈 방법을 생각해둡니다.

**나의 성향과
욕구에 맞는
경계 설정하기**

Q. 현재 여러분을 힘겹게 하는 나르시시스트의 문제 행동을 떠올리고, 그게 나의 어떤 성향적 특성을 위반하는지 생각하세요. 그리고 나르시시스트의 행동을 멈추기 위한 경계를 설정해보세요.

나르시시스트와 나의 성향 모두를 알아야 하는 이유

많은 나르시시스트가 외향적입니다. 사람들에게 친근하게 다가가고 군중 속에서 주목받고자 하는 행동 등으로 피해자를 꾀어내죠. 물론 은밀한 나르시시스트들은 내향적 특성을 더 많이 가지고 있어 피해자에게 동정심을 자극하는 방식으로 다가갈 수도 있습니다. 대개 가족이나 연인, 친한 친구 사이에서 등장합니다.

나르시시스트의 성향적 특성을 고려하면 그가 피해자들에게 무얼 얻고자 어떤 행동을 하는지 이해할 수 있습니다. 이는 매우 중요한 부분이죠. 이런 이해가 바탕이 될 때 '나르시시스트가 나를 복종시키려 이런 행동을 하는구나' 하고 거부할 수 있고 그러한 나의 결정을 스스로 비난하지 않을 수 있습니다.

그리고 나 자신의 선호도와 성향을 파악하는 것 역시 중요합니다. 나르시시스트가 진짜 나의 감정과 직관을 혼란시키려 할 때에도 내가 어떤 사람인지를 안다면 나르시시스트의 조작과는 상관없이 나를 위한 결정을 할 수 있으니까요.

내게 맞는
에너지 충전법을
찾으세요

이제 여러분의 성향 스펙트럼이 내향성과 외향성 중 어느 지점에 위치하는지 알게 되었나요? 주의할 점은 내향성이 강하다고 해서 절대 사교적이지 않다는 게 아니며, 반대로 외향성이 강하다고 해서 절대 혼자 있고 싶어 하지 않는다는 게 아니라는 것이에요. 누구나 두 성향의 극단이 아닌 사이에 위치합니다.

그러면 나의 욕구를 존중하고 보호할 방법에 관해 더 자세히 알아볼 시간입니다. 내향적인 사람인지 외향적인 사람인지에 관계없이, 자신만의 방식으로 에너지를 충전하고 회복하는 시간이 꼭 필요합니다. 이는 스스로의 욕구를 존중하는 태도죠.

우선 에너지가 고갈되었을 때 나타나는 몸의 반응이나 신호를 생각해보세요. 그리고 에너지를 충전하기 위한 나만의 방법을 만드세요. 예를 들어 외향적인 사람이라면 아마 코로나19가 유행하는 동안 매우 에너지가 떨어졌을 것입니다. 사람들과 자유로이 만나고 이야기 나누는 시간이 줄었을 테니까요. 이 경우 우울감을 느끼거나 잠들고 일어나는 데 문제가 생길 수 있습니다. 해결책은 온라인에서 친구들을 만나는 것이 될 수 있겠죠.

나의 성향에 맞는 에너지 충전법

Q1. 당신의 에너지 고갈 신호는 어떤 것들이 있나요?

예) 하루 종일 한마디도 하지 않은 것 같다는 생각이 들자 매우 우울해져 입맛이 없었다.

Q2. 나만의 에너지 충전 방법을 생각해보세요.

예) 외향적인 나의 성향상 다른 사람들과 대화를 꼭 해야 한다. 절친한 친구들에게 돌아가면서 하루에 한 번씩 전화를 걸어 안부를 묻는다.

나에게 가장
친절한 사람이 되세요

자아도취적 학대에서 회복되고 싶어 절 찾아오는 내담자들을 만나다 보면, 그들 대부분이 자신에게 학대적이라는 걸 알 수 있습니다. 자기 자신에게 극도로 비판적이고, 다른 사람들에게 들이대지 않는 기대와 기준을 스스로에겐 강요하여 얽매죠.

이처럼 다른 사람은 쉽게 이해해주고 사랑해주면서 자신에겐 상처만 주는 사람들에게는 자기 연민이 필요합니다. 자기 연민은 사람은 누구나 실수를 하며 이런 실수가 나의 가치를 정의하지 않는다는 걸 인지하는 일입니다.

나르시시스트와 함께하는 삶은 자기 모욕과 비난, 악의에 찬 말들로 가득합니다. 이런 말들을 오랫동안 많이, 자주 들으면 그 말들이 나란 사람에 대한 진정한 평가라고 믿게 됩니다. 그래서 자기 연민은 나를 향한 내면의 독설들이 나르시시스트가 나를 통제하기 위해 던진 거짓이라는 것을 깨달으면서 시작되죠.

이제 그 부정적인 말들을 떨쳐버리고 스스로를 가장 사랑하는 사람이 되어봅시다.

연민을 품는 법

자아도취적 학대를 당한 피해자가 자기 연민을 하기는 어려울 수밖에 없습니다. 원래는 스스로를 사랑했더라도 나르시시스트의 무시와 멸시 속에 자신을 향한 사랑을 거뒀을 테니까요. 그래서 자기 연민은 충분한 연습이 필요합니다.

시작은 내게도 연민, 즉 동정심이 있다는 것을 인지하는 데서 출발합니다. 그러고 나서 그 동정심을 나에게로 돌려봅니다. 더불어 과거의 경험에서 교훈을 얻어 나에게 맞는 자기 연민을 방법들을 마련합니다.

수치심을 느꼈던 때 떠올리기

Q1. 과거의 실수를 곱씹어 위로하는 것이 자기 연민에 좋은 연습이 될 수 있습니다. 수치심을 느꼈던 어린 시절(5~10세)의 기억을 하나 떠올려보세요. 어떤 상황이었나요?

Q2. 어떤 말을 들으면 어린 시절 느꼈던 수치심을 지울 수 있을지 생각해보세요.

내면 아이

우리는 모두 과거의 상처와 기쁨을 동시에 지니고 살아갑니다. 선생님에게 호되게 혼났던 기억과 칭찬받았던 기억이 공존하듯이요.

그중 수치심을 느낄 정도로 상처받은 기억이 있다면 이는 때론 영원히 마음에 남기도 합니다. 심리학적으로 이러한 깊은 트라우마를 '상처받은 내면 아이'라고도 칭합니다. 내면 아이의 상처와 수치심은 관련된 경험을 다시 함으로써 치유할 수도 있습니다. 혹은 지속적인 위로가 도움이 되기도 해요.

조용한 장소를 찾아 몸을 편안히 하세요. 그리고 눈을 감고 수치심을 느끼는 내면 아이를 찾아봅니다. 내면 아이의 감정을 찬찬히 되짚어보기도 하세요.

내면 아이에게 보내는 편지

아래의 조언을 바탕으로 내면 아이에게 위로의 편지를 보내보세요. 편지를 쓰면서 어린 시절의 상처를 건드리는 감정이 무엇인지 확인하고 내면 아이를 계속 위로하세요. 또 내면 아이를 일깨우는 즐거운 순간들도 함께 떠올려보세요.

조언1 내면 아이에게 넌 사랑받고 있다고 말한다.
조언2 시간이 흐르고 성장하면서 어렸을 적 실수에서 무엇을 배웠는지 알려준다.
조언3 나는 단지 '나'라는 이유만으로도 사랑받을 가치가 있다는 점을 알려준다.

To. 내면 아이에게

_____

_____

_____

_____

_____

자신을 용서하기

많은 피해자들이 본인이 학대적 상황에 놓이게 된 원인이 자기 자신에게 있다고 믿습니다. 또 자기는 이렇게 나쁜 대우를 받을 만하다고 생각하죠.

하지만 학대적 관계를 맺게 되는 건 어린 시절에 받은 감정적 상처가 성인이 될 때까지 지워지지 않아서일 수 있습니다. 그 상처를 숨기기 위해 학대 상황을 회피하고 인정하지 않아서 빠져나올 수가 없는 것이죠. 만약 둘 이상의 학대적 관계를 맺은 적이 있다면, 그건 여러분이 인지하는 인간관계가 이러한 학대적인 것뿐이었을 가능성이 높고요. 정말로 죄책감이나 수치심을 느끼는 일을 했더라도 그때의 우리는 그 상황을 더 잘 알지 못했던 시절의 우리였습니다.

죄책감과 수치심을 느낀 일을 적어도 하나 이상 적어보면 좋습니다. 그런 다음 친구나 아이, 또 다른 사랑하는 사람과 이야기할 때처럼 부드럽게 혼잣말을 하며 그 일에 관해 스스로를 용서해주세요. 미국의 시인 마야 안젤루 Maya Angelou가 했던 말이 있어요.

"우리는 더 잘 알수록, 더 잘할 수 있습니다. When you know better, you do better."

이 문장을 우리가 스스로를 용서할 때 반복해 말해보면 좋습니다. 만약 열일곱 살에 했던 어떤 행동에 대해 서른일곱이 되어서까지도 죄책감을 느낀다면, 이젠 그 열일곱의 나를 용서하고 어른이 된 내가 그때보다 더 현명해졌으니 걱정 말라고 이야기해주세요.

이제 자신을 비난하지 말고 나를 학대하는 상황을 잘 깨닫지 못했던 자신을 용서할 때입니다. 어쩌면 어떤 실수들은 타인을 해하지 않는 것이었음에도 나르시시스트에 의해 부풀려졌을 수 있어요. 더는 자기를 비난만 하지 말고 용서하고 더 나은 선택을 향해 나아가세요.

나를 용서하는 방법을 하나 알려드릴게요. 기억에 남을 만큼 뼈저린 실수를 떠올려 적어보세요. 만일 그때로 돌아간다면 어떻게 다르게 행동했을지도 함께 다루세요.

그다음 사적인 공간에 혼자 있을 때 큰 소리로 실수를 되짚어봅니다. "나는 나 자신을 용서하며 그때의 나에겐 더 나은 선택을 할 수 있는 지식이 없었다는 걸 인정한다"라고 큰 소리로 말해보세요. 목적의식을 담아 단호하고 힘차게 스스로에게 말해봅니다.

필요하다면 두 번 이상 연습을 반복합니다. 이 문장의 반복은 오래된 고통에서 여러분을 해방시켜줄 것입니다.

자애 명상

자애 명상Loving-kindness Meditation의 목적은 내면에 있는 연민의 감정과 친절함을 기르는 것입니다. 자신을 향한 자애로운 마음을 기르는 건, 진정으로 사랑하는 타인에게 그 자애로움을 돌려주기 위한 첫 단계입니다.

1. 편안하고 조용한 장소를 찾는다.
2. 눈을 감거나 시선을 부드럽게 유지하고 오르내리는 호흡을 느낀다.
3. 과거의 자신이 느꼈던 혼란과 수치심으로 가득한 내면 아이에게 주의를 기울인다.
4. 내면 아이를 향해 동정과 위로의 마음을 보내며 내면 아이가 평생 평안함과 기쁨, 그리고 사랑을 느끼길 소망한다.
5. 가장 가까운 사람들을 떠올리고 평화와 기쁨의 소망을 담은 사랑의 마음이 흘러 그들에게 닿길 소망한다.
6. 회사나 이웃, 그 외 다른 사람들로 대상을 바꾸어 그들에게도 사랑이 닿길 소망한다.
7. 사랑과 친절, 수용하는 마음을 타고난 것처럼 만들기 위해 자애 명상을 자주 반복한다.

자기 주장은
이기적인 게
아닙니다

　　　　　　　적극적인 자기 주장은 때론 공격적인 성격으로 오해받기도 합니다. 하지만 자기 주장과 공격성은 상당히 다른 개념입니다. 공격성은 존중받을 수 없는 행위이지만 자기 주장은 남과 나 모두를 존중할 수 있는 접근 방식이기 때문입니다.

　물론 피해자들 중에는 적극적인 자기 주장을 불편해하는 사람이 많습니다. 저의 내담자들도 저와 연습할 때 대개 힘겨워하는 편이었죠. 그러나 자기 주장을 하는 법은 반드시 익혀야 하는 자기 보호 기술입니다.

　적극적 자기 주장은 신체 반응을 알아차리고 그 반응이 나 자신을 보호하도록 인도합니다.

　적극적인 자기 주장을 실천하기 위해 남들 앞에서 자기 주장을 펴기 어려웠던 경험을 생각해보세요. 스스로 주장을 펴거나 자기 의견을 옹호하기 어려웠던 경험을 생각합니다.

예를 들어, 제 내담자였던 데릭은 나르시시스트 아내 때문에 출근 전 아이를 학교에 데려다주고 퇴근 후에도 급히 아이를 데리러 가곤 했습니다. 교수였던 아내는 자신이 하는 일이 매우 고되고 고차원적인 일이기 때문에 아이를 보호하는 일에 자기 시간을 투자하는 건 가치가 없다고 했죠. 그건 작은 회사에 다니는 남편이 하는 게 맞는다면서요. 데릭은 수치심을 이용해 자신을 조종하는 아내를 힘겨워하면서도 자기 의견을 적극적으로 표현하지는 못했습니다.

그래서 저는 아내의 행동과 말이 데릭에게 어떤 불편한 감정을 불러일으키는지 알아차리는 연습을 추천했습니다. 그리고 그런 감정이 자신을 얼마나 힘겹게 하는지 신체적인 반응을 포함하여 꼼꼼히 생각해보게 했죠. 이후 데릭은 아내에게 자기 의견을 적극적으로 피력했습니다.

"내가 하는 일 역시 가치 있는 일이고 나는 내 일에 자부심이 있어. 그리고 아이를 보호하는 건 부모 공동의 책임이야. 앞으로 출근할 때 내가 아이를 학교에 데려다주고 방과 후엔 당신이 데려오도록 해."

싸움을 거는 행동이 아니라 나의 감정과 생각을 제대로 전달하는 적극적 자기 주장은 문제를 해결하는 데 도움이 되었고 아내의 자아도취적 학대 행동을 막아내는 데에도 효과적이었습니다.

적극적 자기 주장 하기

Q1. 누군가에게 할 말이 있었음에도 적극적으로 주장하지 못했던 경험을 떠올려보세요.

Q2. 그때 느꼈던 신체적 반응을 되새겨보세요.

Q3. 지금이라면 어떻게 스스로를 대변하고 적극적으로 주장을 펼칠지 적어보세요. 적은 후 소리내어 말해봐도 좋습니다.

자기 확언

자기 확언 Self-affirmation은 자신을 받아들이고 사랑하는 것을 연습하는 좋은 방법입니다. 다음 예를 활용해 스스로에게 큰 소리로 다정한 말을 건네보세요. 상처받은 내면 아이를 더 잘 바라볼 수 있도록 거울을 바라보며 해보면 더욱 좋습니다. 매일 아침 거울 앞에서 반복해 자기 확언을 던지며 내가 한 말이 나만의 사고방식이 될 수 있게 합니다.

솔직히 말해도 괜찮다.
내 모습 그대로의 나를 사랑한다.
나는 언제 어디서나 안전하며 사랑받고 있다.
나는 무슨 일이 있어도 나 자신을 지킬 것이다.
그저 진정한 내 모습만으로도 존중받을 가치가 있다.
나에게 시간과 관심을 쏟는 것은 내가 할 수 있는 가장 가치 있는 투자이다.
나는 사랑받기 위해 아무것도 더 할 필요가 없다. 나는 이미 사랑받을 자격이 충분하니까.

자존감도
연습으로 쌓아올릴 수
있습니다

　　　　　　자존감의 정확한 정의는 '자신감, 그리고 자신의 가치에 대한 믿음'입니다.

　자존감을 쌓는 데 도움이 되는 사고방식과 행동을 알려드릴게요. 이를 일상생활 곳곳에 적용하고 습관화해보세요. 좀 더 편한 연습이 되도록 다음 페이지에 표를 만들어두었으니 자주 체크합니다. 스스로 생각한 자존감 쌓는 아이디어를 자유롭게 추가해도 좋습니다.

자존감 쌓기 연습

자존감을 높이기 위한 사고방식과 행동을 일상화하고 할 때마다 감정이 어땠는지 기록해보세요.

사고방식 및 행동	감정 기록
실수했을 때 자기 비난을 하기보다 배움의 기회로 삼는다.	
자신을 다른 사람들과 비교하지 않는다.	
어떤 일을 할 때 '하나의 올바른 방법'이 없다는 것을 인지한다.	
자기 파괴적이지 않고 창의적인 방법으로 분노를 표현한다.	
문제가 생겨도 그게 유별나게 심각하지 않다는 점을 인지한다.	
나의 약점을 수용하고 장점을 극대화한다.	
자존감을 느끼는 순간에 주목한다.	

자신감을 쌓아주는 SWOT 분석

SWOTStrengths, Weaknesses, Opportunities, Threats(강점, 약점, 기회, 위협) 분석을 활용한 자신감 쌓기 연습을 해봅시다. 네 가지 분석 항목은 개인의 자신감에 큰 영향을 끼칩니다. 그래서 이 분석을 통해 자신감이 얼마나 있으며 조금 더 분발해야 할 부분은 무엇인지 알 수 있습니다.

예를 들어볼게요. 자신감과 관련하여 세분화된 목표로 '좀 더 적극적으로 자기 주장을 하고 싶다'라는 목표를 잡고 SWOT 분석을 해봅시다. 이 목표를 생각하면서 각 항목에 내가 이미 지니고 있는 특성, 해봤던 생각 혹은 경험을 적습니다. 강점과 기회에는 자신감과 관련해 느낀 특성 또는 바람을 적고, 약점과 위협에는 개선해야 하거나 제거할 내용을 기록하면 됩니다.

강점으로는 스스로의 의견을 지지하기 위해 구체적인 근거를 들었던 경험을 쓸 수 있겠고, 기회에는 '내 욕구에 더 충실해지면 더 적극적으로 자기 주장을 펼칠 수 있다'와 같이 생각한 바를 적으면 됩니다. 약점에 있어서는 '과거 적극적으로 자기 주장을 펼쳤다 안 좋은 결과를 얻어 두려움이 있다'는 등 현재 나의 발목을 잡는 부분을 적습니다. 마지막으로 위협에는 '오랫동안 자기 주장을 적극적으로 펼치지 않아서 주변에서 내 의견을 무시하는 게 일반적인 상황이다'와 같이 외부적 요인을 생각합니다.

  이 연습은 나의 자신감이 얼마나 차 있는지 알 수 있게 하며 원하는 자신감 지수에 도달할 수 있게 해줍니다.

자신감 SWOT 분석

Q1. 나의 자신감과 관련하여 세분화된 목표를 적으세요.

예) 나와 관련된 일을 결정할 때 적극적으로 자기 주장을 펼치고 싶다.

Q2. 아래 표를 활용해 SWOT 분석을 해보세요.

강점(STRENGTHS)	약점(WEAKNESSES)
예) 학창 시절, 용기를 내어 글짓기 대회에 나가기로 결정했고 우수상을 탄 적이 있다.	예) 친구와 여행을 가려고 준비할 때 내가 짠 루트를 주장하다가 친구가 나를 이기적이라고 한 적이 있다.

기회(OPPORTUNITIES)	위협(THREATS)
예) 나의 삶은 나의 것이기에 내가 결정할 권리가 있음을 기억한다.	예) 부모님이 매우 엄격하여 내가 의사가 되기를 오랫동안 바라왔다. 그러나 나는 작가가 되고 싶다. 지금껏 한 번도 부모님의 의지를 꺾어 본 적이 없다.

내 삶을
이야기로 쓰는 것의
치유 효과

자신감을 쌓는 또 다른 방법은 자기 삶에 관한 이야기를 쓰는 것입니다. 노트에 손으로 적어도 좋고 프로그램을 활용해 컴퓨터 문서로 남겨도 좋습니다.

너무 많은 이야기를 담으려고 할 필요는 없습니다. 분량이 적어도 되고 굳이 멋진 문장으로 쓰려고 하지 않아도 돼요. 삶에서 경험했던 크고 작은 성공의 기억과 좌절했을 때 극복했던 경험을 중심으로 쓰면 됩니다.

물론 나의 이야기를 쓴다는 게 어색한 사람도 있겠죠. 그럴 땐 이게 나의 이야기가 아니라 가상 인물의 이야기라고 생각해보세요. 부담 없이 적는 게 중요합니다. 그래야 내 삶을 돌아볼 때 생겨나는 여러 감정을 잡아낼 수 있어요.

만일 내 이야기를 쓰는 동안 부정적인 감정이 몰아쳤다면 앞서 익힌 자기 연민과 자기애, 용서 연습을 해봅니다. 내면 아이에게 어떤 상처가 있는지를 확인하고 그 상처에 맞는 처방법으로 치유할 수 있는 거죠. 또 긍정적인 감정이 피어오른다면 스스로에게 칭찬을 보내며 자부심을 느낍니다.

자신만의 이야기를 쓰는 건 자신이 어떤 존재인지 알게 하며, 경험한 걸 근본적으로 수용하도록 도와줍니다. 내게 맞는 회복 방식을 찾아내면서 지금의 나 자체에 자부심을 느끼게 해주죠. 유해한 관계에서 벗어나 미래에는 그 관계에서 멀어지는 법을 배울 만큼의 충분한 용기도 얻을 수 있습니다.

감정이 들썩일 때마다
회피하지 마세요

자신에 대해 알아가는 과정에서 어떤 감정들을 느꼈나요? 아마 정말 많은 감정이 솟아났을 거예요. 그게 정답이에요. 보통 사람들은 자기가 무엇을 느끼는지 알고 싶어 하지 않고, 정서적 학대 피해자는 그 정도가 더 심하거든요. 그래서 자기 감정을 피하기 위해 술, 담배 같은 건강하지 못한 습관에 의지하며 감정에서 분리되려 애씁니다.

안젤라 역시 부족한 자존감과 자신감 때문에 고생했던 내담자입니다. 그녀는 어떻게든 자기 감정을 느끼지 않으려 했고, 항상 이성적으로 생각하며 감정에 휘둘릴 필요가 없다고 스스로를 설득했습니다. 자기 감정을 제대로 느끼면 자제력을 잃을 것 같았기 때문이었죠.

사실 안젤라는 어린 시절, 부모가 될 준비가 되어 있지 않던 미혼모 어머니 밑에서 심각하게 방치되어 정서적 학대를 당하며 자랐습니다. 어머니는 동생들도 모른 체했기에 안젤라가 동생들을 대신 돌봐야 했습니다.

　나이가 들면서 안젤라는 자신이 가족들과 유해한 관계를 맺고 있다는 걸 깨달았습니다. 오랫동안 가장 노릇을 해온 탓에 어머니는 물론이고 동생들까지 많은 부분을 안젤라에게 일방적으로 맡기고 있었던 것입니다. 그리고 그러한 관계는 연인 관계에까지 영향을 끼치고 있었습니다. 안젤라는 애인이 바람을 피워도 제대로 따지지도 못하고 오히려 자기가 매력이 부족한 탓이라며 자책했습니다.

　안젤라는 비로소 치유를 위해 용기를 내었고 저와 함께 감정을 탐구하기 시작했습니다. 지금껏 외면해왔던 수많은 감정들이 발견되었고, 안젤라는 전과 다른 방식으로 자신을 온전히 이해하게 되었습니다. 본인이 버림받는 것에 대해 두려움이 커서 그 두려움을 느끼지 않기 위해 감정을 외면하고 유해한 이들을 삶에 허용해왔던 걸 깨달았죠.

　안젤라는 자기 감정을 마주 보면서 비로소 스스로를 사랑하게 되었습니다. 그리고 마침내 자신을 존중해주는 사람을 만나 결혼했습니다. 물론 원래 가족들과는 거리를 두기로 했고요.

　감정은 자연스러운 것입니다. 우리 삶에 목적과 목적을 위한 단호한 마음가짐을 선사하죠. 감정이 들썩일 때마다 진정으로 느껴야 합니다. 불편하겠지만, 감정이 아주 짧은 시간 동안만 지속된다는 점을 상기하고 그 감정이 자신을 관통할 때가 언제인지 주목하세요.

　그래도 참을 수 없을 것 같다면 회복해나갈 힘이 있다고 느껴질 때 이 연습으로 돌아오세요. 그리고 앞서 소개한 자기 확언, 자애 명상 등을 통해 긍정적인 에너지를 내면에 가득 채우세요. 궁극적으로 자기 감정을 이해하면 자기 자신을 더 용감하게 느낄 수 있습니다.

**발견한 감정
바라보기**

Q1. 4챕터의 연습들을 해보며 어떤 감정들을 느꼈나요?

Q2. 만일 지금까지 그 감정들을 외면해왔다면 그 이유는 무엇인가요?

여기까지 온 것도
매우 큰 용기입니다

이번 4챕터에서 우리는 우리 자신에게 성큼 다가섰습니다. 정말 자랑스러운 일이에요. 나에게 도움이 되지 않는 행동과 특성을 바꿔야 한다고 깨닫고 받아들이는 건 쉽지 않은 일입니다. 여러분이 이 챕터를 끝까지 읽으면서 보여준 용기와 끈기는 여러분이 위대한 힘을 지닌 사람이라는 증거입니다.

  함께 한 연습들을 일상에 접목한다면 잿더미에서 불사조처럼 날아오르는 여러분의 모습을 발견할 수 있을 겁니다. 자신을 사랑하고 진정한 내 모습을 받아들이세요. 유해한 누군가와 마주쳤을 때 더 나은 경계를 만들고 경계 신호에 주의를 기울일 수 있게 될 테니까요.

CHAPTER 05

치유 3단계: 나를 지켜줄 경계 만들기

5챕터에서는 변화가 실제로 일어나는 지점을 알아보겠습니다. 바로 경계 설정입니다. 경계는 나의 욕구를 지키기 위해 앞서 익혀온 모든 것들을 실행에 옮기는 작업입니다. 그래서 내가 만든 경계는 나 자신의 행복을 위해서만 존재하고 활용되죠.

경계를 만드는 첫 번째 단계는 필요한 경계를 이해하는 것입니다. 그다음 내부 경계와 외부 경계 등 실질적인 경계를 만들어야 합니다.

저를 찾는 내담자들은 종종 "만약 다른 사람들이 제 경계를 무시하면 어쩌죠?"라고 묻습니다. 그럴 땐 방법이 있습니다. 내 경계를 위반한 사람에게 그에 대한 결과를 집행하는 겁니다. 나의 경계는 오로지 나만의 것이며 나만이 통제할 수 있습니다. 그게 경계 설정의 훌륭한 점입니다.

명확한 경계가
나를 지켜줍니다

경계는 다른 사람이 아니라 나 자신을 위한 겁니다. 내 경계가 무엇인지, 경계가 위반당하는 때는 언제인지, 그리고 경계를 위반한 사람에게 어떤 결과를 안겨줄지는 모두 나만이 결정할 수 있죠. 즉, 경계는 자기애와 자존감, 그리고 자신감을 유지하기 위한 도구이기도 한 것입니다.

알리야는 대학을 졸업하고 어엿한 성인이 되었는데도 여전히 자신을 통제하려 애쓰는 어머니와의 문제로 힘겨워했습니다. 어머니는 알리야가 독립적인 인간으로서 살아갈 권리를 말할 때마다 어떻게 널 키우느라 고생만 한 엄마를 버릴 수 있냐며 죄책감을 심어주었죠. 이런 어머니의 행동은 전형적인 자아도취적 학대였습니다.

알리야는 저를 만나 나르시시스트 어머니를 인지하고 자신만의 삶을 살기로 결심했습니다. 그리고 '성인이 된 나는 어머니에게서 독립하여

한 인간으로서의 몫을 하며 살아갈 수 있다'는 경계를 만들었습니다. 이 경계를 어머니에게 말하자 아니나 다를까 어머니는 알리야를 비난했고 심지어는 알리야의 친구들에게 접근해 알리야가 얼마나 배은망덕한 딸인지를 떠벌렸습니다.

이에 알리야는 잠시 힘들어했지만 다시 결심을 굳히고 어머니와의 모든 연락을 끊었습니다. 알리야는 새로 찾은 자유에 편안함을 느꼈고 자신만의 삶을 하나씩 선택해나갔죠. 경계를 더 상세히 만들고 습관화하자 알리야는 마침내 어머니를 마주하고도 적극적으로 자기 주장을 펴나갈 수 있었습니다.

나르시시스트처럼 정서적 학대를 자행하는 사람들은 피해자를 통제할 힘을 잃는 상황이나 피해자가 더 이상 자신을 용납하지 않겠다 나서는 상황을 무척 싫어합니다. 그래서 끊임없이 피해자의 경계를 무너뜨리고 침범해 들어오려 합니다. 이렇게 경계를 위반하는 사람을 만나면 쓸모없는 감정 낭비를 하게 됩니다. 그런 관계의 역학을 단번에 바꾸는 건 어렵습니다. 그래도 바꾸고자 노력할 필요가 있습니다.

스스로를 옹호하고 보호하는 방법을 이제 막 배우기 시작한 분들에겐 경계를 만드는 일 자체가 매우 불편한 감정을 불러일으킬 것입니다. 하지만 경계를 일관성 있게 설정해야 나의 권리와 정체성을 되찾을 수 있고 다른 사람이 나를 어떻게 대해야 하는지를 알려줄 수 있습니다.

이어질 경계 설정 기술을 연습할 때 불편함을 느끼더라도 받아들이기 바랍니다. 모든 연습이 끝나면 여러분은 경계의 당위성을 인지하게 될 테니까요.

불편해도
참아왔던 게 무엇인지
알아내세요

우리는 '경계'라는 단어를 보통 '어떤 한 가지 일이 끝나고 다른 일이 시작되는 지점'이라는 뜻으로 씁니다. 이를 심리 치유의 목적에서 풀자면 '내가 무엇을 편해하고 무엇을 불편해하는가를 결정하는 지점'을 규정한다고 할 수 있습니다.

경계를 설정하기 위해선 내가 이제껏 참아왔지만 더 이상 참지 않고자 하는 행동을 작성합니다. 누군가 나에게 무언가를 요구하거나 나를 불편하게 해 마음이 편하지 않았던 순간들을 떠올린다면, 그것이 바로 나의 경계를 침범당한 순간들임을 알 수 있습니다. 경계 설정은 이 순간들을 바로잡으며 시작합니다.

더 이상 참지 않을 행동들

Q. 지금껏 마음이 불편했음에도 참아왔던 일들이 있다면 적어보세요.
예) 지각한 동료가 부탁하여 상사에게 대신 거짓말을 해주었다.

감정에
이름을 붙이고
인식하는 연습

　　　　　　　이전 연습에서 참아왔던 경험을 적을 때 살짝 불쾌한 기분이 들었나요? 나쁜 감정이 느껴졌어도 괜찮아요. 중요한 건, 내 속에서 감정이 일어났다는 걸 그 순간 알아차리고 그게 어떤 감정인지를 식별하는 일이니까요.

　감정을 식별하는 시간을 가져보세요. 앞서 적었던 경험들을 떠올렸을 때 느낀 감정들에 이름을 붙이고, 각각의 감정이 내 신체나 정신에 어떤 반응을 불러일으켰는지 적는 것입니다. 감정은 꽤 빠르게 찾아오고 또 사라집니다. 그래서 잡지 않으면 흘러가 무슨 감정이었는지 잊어버리게 됩니다. 감정에 이름을 붙이고 인식하는 연습은 이런 감정의 소멸을 막고, 내가 무엇에 감정적 반응을 하는지 더 잘 알 수 있게 도와줍니다.

감정 식별하기

아래 표를 활용하여 감정을 식별하고 나의 반응도 기록해보세요.

참아왔던 경험	감정 이름	나의 반응
예) 지각한 동료가 부탁하여 상사에게 대신 거짓말을 해주었다.	예) 죄책감, 양심의 가책	예) 거짓말이 들킬까 두려워 명치가 얹힌 듯 갑갑해짐

치유 과정에는
반드시 쉼이
있어야 합니다

앞선 두 연습이 감정적으로 어렵게 느껴졌을 수도 있습니다. 그렇다면 잠시 쉬어가도 좋습니다. 저는 실제 상담 때도 연이어 상담을 잡지 않고 중간에 필요한 만큼 휴식하는 시간을 가집니다. 이는 자기 돌보기 Self-care의 일환이죠.

여러분도 이 책에서 잠시 벗어나 필요한 만큼 재충전을 하세요. 찬물에 세수를 해봐도 좋고, 창밖 저 멀리를 지긋이 쳐다봐도 좋습니다. 아예 오늘은 그만 책을 덮고 내일 다시 연습을 이어가도 됩니다.

다시 책으로 돌아왔을 때는 이렇게 잠시 자신을 돌보는 게 어떤 결과를 가져왔는지 생각해보세요.

강한 경계를
설정하는 상상

1. 발을 바닥에 단단히 붙이고 앉을 수 있는 편안한 장소를 찾는다.
2. 무릎에 손을 얹고 시선을 부드럽게 하거나 눈을 감는다.
3. 천천히 호흡의 리듬을 느끼며 되고 싶은 미래의 내 모습을 떠올린다.
4. 살면서 마음을 불편하게 했던 나르시시스트와의 대화를 떠올린다.
5. 이제 미래의 내가 과거의 나르시시스트에게 "그런 식으로 말하지 마", "지금은 너와 대화하고 싶지 않아"라고 단호히 대응하는 상상을 한다.
6. 경계를 적극적으로 주장하는 상상을 하며 어떤 감정이 느껴지는지 주목한다. 그 감정을 잊지 않도록 하여 현실에서 경계를 설정할 때 활용한다.

내부 경계가 없으면 자꾸만 눈치를 보게 됩니다

저를 찾는 많은 내담자가 자신을 '다른 사람의 눈치를 살피며 비위를 맞추는 사람'이라고 인정합니다. 다른 사람의 요구를 자기 요구보다 우선시한다는 거죠.

이런 주객전도의 원인은 자기 안에 '나에 대한 경계'가 없기 때문입니다. 나 스스로에게도 '이런 행동은 해도 좋다, 이런 행동은 절대 해선 안 된다' 하는 경계가 있어야 합니다. 그것이 진정으로 나를 아끼고 보호하는 방법이죠.

다음 문장들은 스스로를 존중하는 몇 가지 경계의 예입니다. 이 경계들은 모두 나 자신의 행동을 경계의 대상으로 삼습니다.

나는 이대로도 충분하다.
'아니오'라고 말해도 괜찮다.

다른 사람들이 내게 화내도 괜찮다.

다른 사람들이 꼭 나에게 동의할 필요는 없다.

다른 사람을 책임지는 건 내가 할 일이 아니다.

나 자신을 행복하게 해주는 게 내가 할 일이다.

나는 다른 사람들의 요구를 예상할 필요가 없다.

다른 사람의 행동을 고치는 건 내가 할 일이 아니다.

나는 내 감정에 대한 권리가 있고, 그 권리는 정당하다.

이 중 공감이 가는 문장들을 골라 항상 마음속에 새기도록 하세요.

내부 경계 만들기

Q. 나를 존중할 수 있는 내부 경계를 적어보세요.

예) 잘 모르는 사람의 호의를 항상, 무조건 받아주고 고마워할 필요가 없다. 안 내키면 아무리 호의여도 안 받을 수 있다.

외부 경계로
타인의 간섭을
통제하세요

외부 경계는 내부 경계보다 좀 더 설정과 시행이 쉽습니다. 타인이 경계를 위반할 때가 분명히 보이기 때문이죠.

제가 경험했던 나르시시스트는 제가 화장실에 가는 것까지 간섭했습니다. '내가 숨기고 싶은 사적인 행동은 남에게 간섭받지 않겠다'는 저의 외부 경계를 완벽히 침범한 것이었죠.

또 다른 외부 경계의 예들도 살펴볼게요.

나는 혼자만의 시간을 보낼 수 있다.
내가 듣고 싶은 음악만 들어도 된다.
나는 나만의 흥밋거리를 지닐 수 있다.
내가 원하는 일을 남이 방해할 수 없다.
나 자신의 본래 모습을 유지할 권리가 있다.

내겐 나 자신을 영적으로 표현할 자유가 있다.

누가 언제 나를 간섭해도 되는지 통제할 수 있다.

내 방문을 잠글지 말지는 내 맘대로 선택할 수 있다.

외부 경계 만들기

Q. 나를 존중할 수 있는 외부 경계를 적어보세요.

예) 내가 원하면 언제든 일을 하다가 잠시 쉴 수 있고, 얼마나 쉴지도 내가 정할 수 있다.

내부 경계를
침범하는 사람에게
대응하는 법

　내부 경계를 만들고 지키는 일이 처음에는 불편하고 이질적으로 느껴질 수 있습니다. 그러나 내부 경계의 유지 및 적용은 진정한 자기 모습이 무엇인지 이해하고 다가가는 데 꼭 필요합니다. 삶이 나르시시스트에 의한 상처로 가득해지면 피해자는 진정한 자신의 정체성을 상당 부분 잃게 됩니다. 따라서 다시 온전한 모습을 되찾기 위해 스스로를 일으켜 세워야 하죠.

　그렇다면 내부 경계를 어떻게 유지하고 적용할 수 있을까요? 바로 지속적으로 경계를 확인하고 끊임없이 시행하는 것입니다. 내가 원하는 게 무엇인지를 명확히 하고, 경계를 침범해 오는 사람에게는 그에 따른 결과를 안겨줘야 합니다.

　제가 화장실 가는 것까지 간섭했던 나르시시스트 이야기를 기억하죠? 저는 그에게 '그 사람이 다가올 때마다 재빠르게 화장실로 간다'는 결과를 돌려주었습니다. 소소한 행동이었지만 효과가 있었죠. 이 행동으로 그 나르시시스트는 본인이 제가 하고자 하는 행동을 절대 통제할 수 없다는 걸 학습했기 때문입니다.

내부 경계 유지 및 적용하기	Q. 내가 정한 내부 경계를 유지하고 적용하는 데 도움이 될 결과를 생각해보세요.
	예) 잘 모르는 사람의 호의를 항상, 무조건 받아주고 고마워할 필요가 없다. 안 내키면 아무리 호의여도 안 받을 수 있다. → 자꾸 원치 않는 호의를 건네며 감사하길 바라는 나르시시스트를 만나면 아예 말을 섞지 않고 다른 일에 집중해버린다.

외부 경계를 침범하는 사람에게 대응하는 법

외부 경계의 유지 및 적용은 다른 사람들에게 내가 스스로를 위해 어떤 경계를 세웠는지 알려주는 것입니다. 이는 나르시시스트에게서 특권(그들이 획득하지도 않았고 얻을 자격도 없는)을 빼앗겠다는 선언이죠. 그리고 내 경계를 따르지 않는다면 내부 경계와 마찬가지로 결과를 집행합니다.

엘리야는 어릴 때부터 성인이 되어서까지 자신의 경계를 아무렇지 않게 침범하는 아버지 때문에 힘겨워했습니다. 아버지는 특이하게도 엘리야가 형제들과 사이가 좋으면 어떻게든 상황을 바꾸어서 틀어지게 만들곤 했죠. 엘리야는 '형제들과 평생 싸우지 않고 서로를 도우며 살 것이다'라는 자신의 경계가 자꾸 무너지자 매우 큰 스트레스를 받았습니다. 하지만 아버지라는 존재에게 함부로 대할 수는 없다는 생각과 아버지의 고압적인 태도 때문에 아무런 대응을 할 수 없었습니다.

엘리야는 한동안 마음의 상처를 치료하며 자존감을 바로 세웠습니다. 그리고 자신의 경계를 끊임없이 침범하는 아버지에게 인연을 끊는, 강한 결과를 집행했죠. 이미 여러 차례 형제들 사이를 이간질하지 말아 달라고 했었기 때문에 태도를 바꿀 생각이 없는 아버지를 더 이상 설득하지 않고 즉시 결과를 집행한 것입니다. 현재 엘리야는 아버지와 연락하지 않고 안정된 심리 상태로 삶을 나아가고 있습니다.

엘리야의 아버지처럼, 나르시시스트는 자기가 가진 피해자에 대한 영향력이 줄어드는 일을 쉽게 받아들이지 않습니다. 분명 계속해서 피해자의 외부 경계를 넘어서고 문제를 제기할 거예요. 그래서 인내와 끈기가 필요합니다.

외부 경계를 시행하는 건 그럴 만한 가치가 있습니다. 나르시시스트에게 내가 일관되며 진지한 자세로 나 자신을 보호하고 있음을 보여주는 일이기 때문입니다. 나르시시스트가 이해하고 받아들일 때까지 반복적으로 경계를 주장해야 할 때는 꼭 어린아이를 가르치는 듯한 기분이 들어 지칠지도 모릅니다. 그래도 포기하지 말고 여러분의 외부 경계를 강력히 주장하세요.

외부 경계 유지 및 적용하기

Q. 내가 정한 외부 경계를 유지하고 적용하는 데 도움이 될 결과를 생각해보세요.

예) 내가 원하면 언제든 일을 하다가 잠시 쉴 수 있고, 얼마나 쉴지도 내가 정할 수 있다.
→ 업무 중 자기가 쉬고 싶을 때 굳이 나를 끌고 나가려는 상사에게 나는 한 업무를 다 끝내놓고 쉬는 타입임을 정중히 알린다. 만일 상사가 내 경계를 무시하고 일을 방해한다면 더 윗사람에게 면담을 요청하여 자리를 멀리 떨어뜨려줄 것을 요구하거나 파트 분리를 요청한다.

내 욕구를
우선시하는 데
죄책감을 갖지 마세요

참 많은 사람들이 자기 욕구를 다른 사람의 욕구보다 우선시하는 게 이기적이라고 생각합니다. 특히나 자아도취적 학대를 당해온 피해자들은 다른 사람을 실망시킬까 봐 자기 욕구를 감추고 희생하려 듭니다.

이와 관련해 제가 종종 드는 예가 '도움이 필요한 사람을 돕기 전에 자기 코와 입에 먼저 산소마스크를 쓴다'라는 승무원의 규칙입니다. 우선은 내가 정신적으로 온전하고 신체적으로 건강해야 타인의 욕구에 눈을 돌릴 수 있고 그를 도울 수도 있습니다.

정말 당연한 이치입니다. 그러므로 내 욕구가 최우선이어도 죄책감을 느낄 필요가 없습니다.

거절해야 할 일에 '아니오'를 말하는 연습

　　　　　　　삶의 모든 측면에서 경계는 매우 중요합니다. 나 혼자 있을 때뿐 아니라 가족과 있을 때, 친구나 직장 동료와 있을 때, 연인과 있을 때 등 어떤 누굴 만나더라도 나의 경계를 적용하고 위반당했을 때 결과를 집행할 수 있어요.

　그래서 일상으로 경계를 확장하기 위해서는 '아니오'를 말하는 연습이 필요합니다. 혹시 '예'라고 대답은 했지만 사실은 '아니오'라고 말하고 싶었던 적이 있었나요? 어떤 특별한 상황이 아니라 일상 속에서 그런 일이 비일비재했다면 이제는 내가 진정 원하는 게 무엇이고 또 뭐가 내게 중요한지를 더 완벽히 인지하도록 합니다. 그래야 비로소 '아니오'라고 할 일에 '아니오'라고 할 수 있습니다.

'아니오' 말하기 연습

Q1. '예'라고 대답은 했지만 사실은 '아니오'라고 말하고 싶었던 경험을 적어보세요.

예) 집에서 혼자 책을 읽고 싶었는데 친구가 쇼핑을 가자고 해서 알겠다고 한 적이 있다. 그때 몸도 안 좋아서 쇼핑을 마치고 늦은 밤 집에 돌아온 후 며칠을 아팠다. 그 바람에 스케줄이 완전 꼬였고 이어진 학교 시험도 망쳐버렸다.

Q2. 이제 그 이야기에서 '아니오'라고 했을 때 어떤 다른 결말이 있었을지 써보세요.

예) 친구가 쇼핑 가자고 했을 때 몸이 안 좋아서 쉬겠다고 하고 지체없이 집으로 돌아간다. 집에 돌아가 따뜻한 차를 마시며 책을 좀 보고 푹 잔다. 그렇게 내 컨디션이 좋아져서 계획했던 일들을 잘 끝내고 공부도 많이 해서 시험 결과도 좋게 나온다.

거울 보며 '아니오' 연습하기

거울 앞에서 '아니오'라고 말하는 연습을 해봅니다. 바보 같은 소리처럼 들릴지 모르지만, 이 연습은 '아니오'라고 말하는 일에 익숙해지는 좋은 방법입니다.

'아니오'라는 말을 많이 반복할수록 자기 목소리로 듣는 '아니오'라는 말이 별스럽지 않아질 것이며 실제로 이 말을 해야 할 상황이 다가왔을 때 자연스럽게 할 수 있습니다.

거울을 보며 '아니오'라고 말하는 게 자연스러워질 때까지 자주 연습해보세요.

스스로를 변호하는 목소리를 자신에게 들려주세요

경계는 자기 관리와 치유의 일부입니다. 경계를 유지하고 위반당했을 때 결과를 집행하는 자신을 스스로 옹호하는 것도 마찬가지고요.

자기 변호 Self-advocacy는 스스로의 목소리를 듣고 자신이 중요한 존재라는 걸 상기하는 방법입니다. 나르시시스트와 관계를 맺었던 피해자들은 트라우마 때문에, 혹은 과거에 도움을 청할 믿음직한 인간관계를 만들지 못해서 타인에게 선뜻 도와달라고 말하지 못합니다. 따라서 타인이 아닌 스스로가 자기 자신을 도와 경계를 시행하고 결과를 집행하는 것이 옳음을 말해주어야 합니다.

자기 변호를 위한 말들은 여러분 스스로 생각해야 하지만 몇 가지 조언을 드립니다.

그게 왜 나에게 중요한지 말한다.

감정적이지 말고, 단호하고 침착하게 자기 주장을 편다.

의도와 계획을 구체적이고 명확하게, 그리고 지속적으로 설명한다.

**자기 변호
실천하기**

Q1. 자기 변호가 필요한 상황이나 욕구가 있다면 적어보세요.

예) 나는 일을 그만두고 다시 공부를 하여 법조인이 되고 싶다. 하지만 부모님이 지금 다니는 회사를 그만두지 말라고 강요하시는 중이다.

Q2. 그것을 위해 취할 수 있는 행동들을 적어보세요.

예) 입학 가능성이 있는 학교를 찾고 입학을 위해 필요한 시험과 자격 등을 정리하여 준비한다.

Q3. 만일 Q1에 답한 상황이나 욕구를 충족하는 데에 주변의 반대나 곤혹스러운 반응을 맞닥뜨렸다면 어떻게 자신을 변호할지 생각해보세요.

예) 법조인이 되는 건 오랜 꿈이었다. 하지만 집안 사정상 빨리 돈을 벌고자 회사에 다니게 되었고 그로 인해 오랫동안 감정이 좋지 않았다. 바로 회사를 관두면 가계에 경제적 부담이 생기므로 당분간은 학업과 일을 병행할 것이다. 이것이 쉽지 않을 것을 알지만, 법조인이 되겠다는 꿈은 아주 오래전부터 지녀왔고, 만일 지금 도전하지 않는다면 평생을 후회하며 살 게 분명하다. 최대한 빠른 시일 내에 학교에 들어가고 고시도 빨리 패스할 수 있도록 정말 최선을 다할 것이다.

뛰어난 공감 능력이 독이 될 수도 있습니다

　　　　　스스로를 매우 민감하고 타인에게 감정 이입을 잘하는 성향이라 생각하는 사람들은 자기가 어떻게 그렇게 공감적인 성향이 되었는지 설명하려 합니다. 어떤 사람들은 자신이 겪은 충격적인 일과 그로 인해 생긴 트라우마 때문에 공감을 잘하게 되었다고 합니다. 또 어떤 사람들은 태어날 때부터 공감적인 성향을 타고났다고도 하고요.

　실제로 학대 또는 방치를 겪으며 자란 이들 중에는 자기가 겪은 감정들을 토대로 타인의 고통을 쉽게 알아차리고 깊이 이해하는 사람이 많습니다. 하지만 꼭 학대 경험이 있는 이들만 공감을 잘하는 건 아니에요. 뭐가 되었든, 세상에는 공감을 잘하는 민감한 사람들이 있다는 게 중요합니다.

　공감을 잘하는 것은 축복인 듯하지만, 어떻게 보면 저주처럼 느껴집니다. 특히 나르시시스트와의 관계에서 공감은 그 관계를 벗어나지 못하게 하는 가장 큰 함정이 됩니다. 세상을 공감의 눈으로 바라보면 다른 사람을 희생시키는 입장이 될 수 없기 때문입니다.

문제는 나르시시스트에게 공감해봤자 그의 행동을 이해할 수 없다는 것입니다. 나르시시스트의 행동엔 죄책감이 없고 공감도 없거든요. 그럼에도 공감 능력이 뛰어난 사람들은 나르시시스트의 행동을 이번 한 번만 그런, 일회적인 것으로 간주하려고 합니다. 그러나 절대 나르시시스트의 파괴적 행동은 한 번으로 끝날 리가 없습니다.

무조건 공감이 나쁜 것은 아닙니다. 다만 나의 공감 능력이 사실은 나르시시스트의 잘못을 덮어준 보호막이 된 게 아닌지 알아야 할 필요가 있다는 것입니다.

나는 공감을 잘하는 사람일까

공감을 잘하는 성향의 사람인지 아닌지를 확인할 유용한 자료가 많지만, 떠돌아다니는 어떤 테스트보다도 내가 스스로에게 물어보는 게 가장 정확합니다.

공감을 잘하는 이의 전형적인 특징으로는 과도한 감정 이입, 다른 사람의 고통을 느끼는 것, 직관력, 민감성, 거절을 잘 못 하는 성향 등이 있습니다. 이런 특징들 중 어느 하나가 와닿는다면 그게 내가 살아가는 데 유용했는지, 혹은 방해가 되었는지 생각해보세요.

자신의 공감 능력 정도를 잘 알게 되면 나르시시스트로부터 나를 어떻게 보호해야 할지도 알 수 있습니다. 과도한 공감으로 지금껏 나르시시스트를 이해해주었다면 이제 그 공감을 거두어들이세요.

나의 공감 능력 알아보기

Q1. 자신의 공감 능력 정도를 스스로에게 질문해보세요.

Q2. 나의 공감 능력은 살아가면서 나를 행복하게끔 도와주었나요, 아니면 불행의 씨앗이 되었나요?

나르시시스트를 위한 공감 거두어들이기

Q1. 나르시시스트와 함께 있으면서 불편한 감정이 느껴지는 상황이었는데도 모른 체 넘어가준 적이 있는지 생각해보세요.

Q2. 그때 느낀 불편한 감정을 없애기 위해서 어떻게 해야 했을지 생각해보세요.

나를 지키려다
지쳤을 때를
대비하세요

        학대적 관계로부터 벗어나 상처를 치유하고 나만의 경계를 설정하자면 어쩔 수 없이 몸과 정신이 지치게 됩니다. 나만의 경계를 긋는 건 정말 중요한 작업이지만 그만큼 에너지를 많이 소모하게 되거든요.
    그래서 일상에서 직면하는 타인의 여러 욕구와 내 욕구가 충돌하는 상황들을 예측하여 어떻게 대처할지 준비해두면 좋습니다. 그러면 조금이라도 부담이 줄어들겠죠.
    아주 간단한 예로 '식사 메뉴 고르기'를 들어볼게요. 누군가에겐 식사 메뉴를 고르는 게 굉장히 귀찮고 어려운 일일 수도 있어요. 그런데 만약 회사 상사가 점심 시간이나 회식 때마다 메뉴를 골라두라고 한다면 어떨까요? 정말 큰 스트레스를 받겠죠. 고작 메뉴 고르기라고 생각할 수 있지만 '스트레스가 되는 고민을 하지 않을 권리가 있다'고 경계를 그어둔 상황이라면 이는 엄청난 경계 침범 행위가 되기도 합니다.

하지만 상대가 회사 상사이고 그에게서 떨어질 방법이 퇴사와 같은 실현하기 어려운 것뿐이라면 매번 스트레스를 받는 대신 미리 준비를 해두는 게 좋습니다. 가령 주말에 시간이 좀 있을 때 여유로운 마음으로 인터넷에서 요즘 맛집으로 소문난 가게들을 검색해보는 겁니다. 그렇게 몇몇 맛집 리스트를 만들어두고 상사가 말하면 그 리스트에서 고르는 거죠. 아니면 점심 식사 때마다 운동을 가기로 했다거나 집에서 도시락을 싸가는 등 상사의 요구에 빠져나갈 구멍을 재치 있게 만들어두는 것도 좋겠네요.

뭐든 내가 경계를 침범당해 받는 압박감을 줄이기 위해서 여러 준비를 해두세요.

경계를 위한 대비 해두기

Q. 경계를 침범당해 압박감과 스트레스는 느끼는 상황을 찾고 그에 대비해봅시다. '상황 → 대비' 순서로 적어봅니다.

예) 가족들이 자주 노크 없이 내 방문을 열고 들어온다. → 방문에 '노크'라고 쓴 팻말을 붙여두고 그래도 해결되지 않으면 방문을 잠근다.

경계는 유해한
관계가 반복되는 것을
막아줍니다

나의 중심에 있는 진정한 내 모습이 어떤 것인지 이제 좀 더 명확한 그림이 그려지나요? 스스로를 더 존중하고 있다는 느낌도 받고 있겠죠?

경계는 자아도취적 관계에서 벗어나기 위한 필수 기술이며 나아가 나 자신을 더 잘 알고 사랑하게 해줍니다. 어디를 가든 무례하고 배려심 없는 자아도취적인 사람들과 마주치게 될 겁니다. 학교나 회사처럼 주기적으로 봐야 하는 사람은 물론이고 잠시 스쳐 지나가는 가게 손님이나 친구의 친구까지도 언제 돌변하여 내 경계를 침범하는 나르시시스트로 변할지 모르죠. 그러므로 경계는 삶의 모든 영역에서 시행될 수 있어야 합니다.

무엇을 용인할 수 없는지 적극적으로 주장하고 결정하면 건강한 관계를 구축하고 미래의 자신을 위한 긍정적 환경을 만들 수 있습니다.

다음 챕터에서 과거에 유해한 관계로 이어졌던 건강하지 못한 사고방식을 버리는 연습을 통해 긍정적 환경을 더 다져봅시다.

PART 3

변화를 만드는 용기

"건강한 관계를 쌓아가고 싶어요"

이 책의 마지막 파트에서는 앞서 배운 치유의 기술들을 온전히 몸에 익혀 앞으로 나아가는 방법을 살펴보겠습니다.

사실 자아도취적 학대든 가스라이팅이든, 정서적 학대를 당한 피해자들은 빨리 치유 과정을 시작하고 끝내고 싶어 합니다. 얼른 기분이 나아졌으면 좋겠고 새로운 삶도 빨리 얻고 싶으니까요. 그건 본능적인 것으로 비난받을 일은 아닙니다.

하지만 상처 입은 자신을 이해하고 보호하는 과정은 오랜 시간이 걸릴 수밖에 없습니다. 자기애와 자존감, 정체성을 확립하고 경계를 발전시키기 위해서는 인내가 필요하죠.

변화는 천천히 일어납니다. 이 사실을 기억하되, 3파트에서 알려드리는 방법으로 '내가 지금 변화하고 있구나'를 알아차리세요. 미세하더라도 변화한 자신을 알아차린다면 힘겨운 치유의 과정도 멈추지 않고 계속해서 나아가 마침내 원하는 대로 변화된 삶을 얻을 수 있을 것입니다.

CHAPTER 06

강력하고 든든한 지원군 만들기

오랫동안 나르시시스트와 관계를 유지하면 변화하려 노력해도 순식간에 예전 관계로 다시 빠져들기 쉽습니다. 나르시시스트의 행동이 '정상'이라고 생각해왔으니까요.

그래서 6챕터에서는 자아도취적 학대의 정상화를 인지하고 유해한 관계가 반복되지 않는 걸 목표로 연습을 합니다. 또 건강한 관계를 맺는 기술까지 살펴볼 거예요.

먼저 유해한 관계에서 빠져나올 수 있게 도와주는 강력한 지원군의 중요성을 알아봅시다. 주변에 나를 지지해주는 사람들이 있어야 삶에 큰 파동을 가져오는 혼란스럽고 유해한 사람들을 멀리할 수 있어요. 나를 지지해줄 지원군들은 정서적 학대의 치유를 돕는 단체도 있고 인터넷에서 찾을 수도 있습니다. 가장 편안한 방법으로 지원군을 만들어 건강한 관계로 나아가봅시다.

깨달음의
순간을 놓치지
마세요

깨달음의 순간이란 나르시시스트의 진짜 모습을 알아차린 순간을 말해요. 잠시 시간을 내어 깨달음의 순간을 생각해보세요. 어쩌면 이 책을 집어 들었을 때일 수도 있고, 아니면 몇 년 전 어느 날 유리창이 깨지듯 일어났을 수도 있습니다.

브리아나에게도 그런 순간이 있었습니다. 브리아나는 나르시시스트인 데릭과 어린 나이에 결혼했습니다. 데릭은 가슴속에 늘 화가 가득 차 있는 사람으로, 항상 폭력적인 방식을 사용해 브리아나에게서 존경과 숭배를 받고자 했죠. 다행히도 두 사람은 결혼한 지 6년 만에 이혼했습니다. 하지만 두 아들의 면접권 문제로 연락은 계속해야 했습니다.

시간이 흘러 데릭은 재혼을 했고 새 아내와의 사이에서 딸을 낳았습니다. 물론 브리아나와의 사이에서 낳은 두 아들과의 만남도 이어졌죠. 그러던 어느 날, 브리아나는 데릭이 자신의 두 아들을 대하는 태도와

새 가정의 딸을 대하는 태도를 다르게 취하고 있음을 알아챘습니다. 딸은 애지중지 대하며 사랑으로 보듬었지만, 두 아들에게는 브리아나에게 했던 그대로 폭력적인 어투와 행동을 보이고 있었던 것입니다. 심지어 데릭은 두 아들에게도 존경받는 아버지가 되기 위해 감정적 학대는 물론이고 신체적 학대를 통해 두 아들을 통제하려 했습니다.

깨달음의 순간을 마주하고 브리아나는 비로소 데릭이 단순히 화가 많은 사람이 아니라 자신과 두 아들을 상처 주는 나르시시스트라는 걸 인정했습니다. 그리고 그다음부터는 단호하게 데릭을 쳐냈습니다. 데릭의 폭력적인 행동을 증거로 남겨서 면접권도 박탈하기 위해 노력했죠. 깨달음의 순간이 왔을 때 브리아나에게는 두 아들을 지켜야 한다는 결심이 명백히 섰던 것입니다.

'깨달음의 순간이 지금이구나'라고 느꼈을 때 무엇이 나에게 최선의 길인지 결정할 수 있습니다. 그 순간을 절대 놓치지 마세요.

깨달음의 순간 맞이하기 Q. 나르시시스트로부터 정서적 학대를 당하고 있단 걸 깨달았던 순간이 있었나요?

나르시시스트의 행동을 정당화하지 마세요

나르시시스트와 함께 있는 게 어떤 느낌인지는 '인지 부조화Cognitive Dissonance'라는 용어로 잘 설명할 수 있습니다. 인지 부조화란 한 개인이 자신의 신념, 믿음, 가치관과 실제 현실, 행동이 불일치하거나 일관적이지 않을 때 불편함을 느껴 불일치를 제거하려는 행위입니다. 쉽게 '나는 술을 마시지 않겠다'라는 신념을 가진 사람이 와인 한 병을 다 마신 상황으로 예를 들어볼게요. 이 사람은 자기 가치관과 정반대되는 행동을 했기 때문에 민망함, 양심의 가책 등 불편한 감정을 느끼게 됩니다. 그래서 이를 제거하고자 '조금씩은 마셔도 괜찮다'라거나 '와인은 몸에 유익한 영향을 주기도 한다'라는 등 정당화를 합니다. 때론 '와인은 술이 아니다'라는 부정까지도 하고요.

인지 부조화는 자신에게 도움이 되는 믿음을 유지하기 위해 명백한 사실 정보를 걸러내는 역할을 합니다. 이는 나르시시스트가 '보이는 것만큼 그렇게 나쁘지는 않다'고 스스로를 설득함으로써 나르시시스트의 잘못을 정당화하는 결과를 불러옵니다. 실제로 많은 피해자들이 "그 사람이 항상 자아도취적인 건 아니었어요"라고 말하곤 합니다. 피해자들의 기억 속에는 나르시시스트와 즐거운 시간을 보냈던 추억도 있기 때문입니다. 그 추억을 이용해 나르시시스트와의 관계를 정당화하는 것입니다.

인지 부조화가 효과를 잃을 때 비로소 내게 어떤 일이 벌어진 건지 제대로 볼 수 있습니다. 그리고 그때 깨달음의 순간이 오죠.

인지 부조화는 피해자의 방어 기제 같은 것입니다. 그래서 오히려 인지 부조화라는 장막이 걷히는 걸 두려워하는 피해자도 많아요. 두려워 마세요. 진실을 보는 건 충격적일 수 있으나 반드시 나르시시스트로부터 벗어났다는 해방감을 느끼게 될 테니까요.

**인지 부조화의
순간 찾아보기**

Q1. 나르시시스트와의 관계를 되짚어보고 인지 부조화를 겪었던 때를 생각해보세요. 잘 떠오르지 않는다면 속으로는 '아니오'라고 외쳤지만 실제로는 '예'라고 대답했던 순간을 찾아봅니다.

Q2. 그때 왜 인지 부조화를 겪었나요? 당시 여러분의 반응을 되짚으며 생각해보세요.

─── 인지 부조화 알아채기 I ───

다음 문장을 읽고 건강한 관계에서 받아들일 수 있다고 생각하는 문장에 체크하세요.

- ☐ 실수를 한다.
- ☐ 질문을 한다.
- ☐ 도움을 요청한다.
- ☐ '모르겠어요'라고 말한다.
- ☐ 개인의 권리를 주장한다.
- ☐ 생각과 의견을 표현한다.
- ☐ 나 자신을 좋게 생각한다.
- ☐ 이유 없이 마음을 바꾼다.
- ☐ 나를 존중해주길 기대한다.
- ☐ 죄책감 없이 '아니오'라고 말한다.
- ☐ 무언가 행동하기 전에 잠시 생각해본다.
- ☐ 상대가 부정적으로 느끼더라도 내 감정을 표현한다.

체크하며 건강한 관계에서는 이 모든 문장이 받아들여질 수 있다는 걸 깨달았나요? 위 문장들 중 내가 체크하지 않은 문장들은 주의해서 보세요. '나는 건강한 관계를 맺을 수 있다'는 신념을 가지고도 왜 그 문장들을 받아들여지지 않는 것으로 생각했는지 살펴봄으로써 내게 있는 인지 부조화를 알아챌 수 있습니다.

내가 체크한 문장들은 시간을 두고 스스로에게 물어보고 다른 시각으로 바라보는 시도를 해보세요.

인지 부조화 알아채기 II

현재 인지 부조화를 겪고 있는지 어떻게 알 수 있을까요? 이를 완벽히 이해하고 인지하려면 시간과 연습이 필요합니다. 일단은 인지 부조화의 신호를 알아차리는 것부터 시작해보죠.
아래 질문을 읽고 해당된다 생각하면 체크하세요.

- ☐ 나는 내 신념과 부딪히는 일들을 했다.
- ☐ 가끔 무언가에 동의한 뒤 마음이 편하지 않다.
- ☐ 나르시시스트와 대화하고 나면 마음이 혼란스럽다.
- ☐ 나는 나르시시스트의 행동을 변명하거나 합리화한 적이 있다.
- ☐ 나는 상황이 그렇게 나쁘지 않다고 스스로에게 거짓말을 했다.
- ☐ 나르시시스트와의 관계에서 벌어지는 일들을 잘 이해하지 못해 혼란을 느낀다.
- ☐ 나르시시스트의 나쁜 행동도 사람이기 때문에 용서받을 수 있다고 스스로 확신한 적이 있다.

위 문장들은 인지 부조화의 한 예입니다. 세 가지 이상 항목에 체크했다면 상당한 인지 부조화를 겪고 있을 가능성이 높아요.
인지 부조화는 폭력적인 관계에서 흔합니다. 하지만 영원히 없앨 수 없는 것도 아니에요. 회복을 향한 여정을 통해 이런 건강하지 못한 사고방식을 없앨 수 있습니다.

신념과 태도를 일치시키는 문장 반복 연습

스스로 긍정적인 문장을 반복하면 그 문장을 믿고 내면화할 수 있습니다. 그러면 인지 부조화도 더욱 줄어들죠. 매일 아침 일어나기 전이나 매일 밤 잠들기 전 다음 문장을 외워보세요.

나는 있는 그대로의 나를 사랑할 것이다.
나는 나 자신에 대한 현실적인 기대를 설정할 것이다.
나는 내가 바꿀 수 없는 것들을 미련 없이 놓아줄 것이다.

내 감정이
불쾌하다면 그것이
진실입니다

두 개의 천막 상점이 있습니다. 한 상점은 불쾌한 진실을 말해주겠다는 표지판이, 다른 상점은 위로가 되는 거짓을 말해주겠다는 표지판이 세워져 있습니다. 여러분은 어느 쪽 상점으로 향할 건가요? 또 어떤 상점에 더 많은 사람들이 줄을 설까요?

사람마다 다르겠지만, 정서적 학대의 피해자들은 불쾌한 진실보단 위로되는 거짓으로 걸음을 옮길 것입니다. 불쾌한 진실을 외면하고 정당화해왔기 때문입니다.

어떻게 하면 이 문제를 해결할 수 있을까요? 사실 우린 지금까지 불쾌한 진실과 마주할 수 있도록 이 책을 통해 많은 걸 익혔습니다. 저는 더 나아가 건강한 관계를 만들고 유지할 수 있게 인지 부조화를 바로잡는 몇 가지 방법을 알려드리려 합니다. 앞서 인지 부조화를 알아채기 위해 했던 체크리스트의 문장들을 이용할 거예요.

나는 내 신념과 부딪히는 일들을 했다

진정한 자아를 되찾고 상황에 대한 내면의 반응에 주의를 기울이면 자신의 신념을 유지할 수 있습니다. 또한 더 이상 그 신념에서 벗어나지 않게 될 거예요.

가끔 무언가에 동의한 뒤 마음이 편하지 않다

편하지 않은 마음은 스스로가 보내는 경고의 표시입니다. 무시하면 안 됩니다. 다시 한번 말하지만 우리는 스스로의 마음을 바꿀 수 있고 필요하거나 원할 때마다 '아니오'라고 말할 수 있습니다.

나르시시스트와 대화하고 나면 마음이 혼란스럽다

나르시시스트에게 이해되지 않는 것들은 분명히 설명해달라고 요구하세요. 그리고 나르시시스트의 말보다 드러난 진실을 굳게 믿으세요. 나르시시스트는 피해자를 조종하려 들기 일쑤입니다. 그런 행동이 시작된다면 즉시 자리를 떠나고 나중에 다시 해당 문제를 논의하세요.

나는 상황이 그렇게 나쁘지 않다고 스스로에게 거짓말을 했다

스스로에게 거짓말을 해서 불편함을 느꼈다면 이건 아주 좋은 기회입니다. 언제나 실제로 무슨 일이 일어났는지 인지하려 노력하고 자신이 그 상황의 일부가 되길 원하는지 아닌지를 선택하세요.

나는 나르시시스트의 행동을 변명하거나 합리화한 적이 있다

학대적인 관계에서 흔히 나타나는 현상입니다. 만약 이런 행동을 하고 있다면 한 걸음 물러나 응당히 책임져야 할 것에 책임을 묻도록 하세요. 불편한 진실을 받아들이는 데 도움이 될 거예요.

나르시시스트와의 관계에서 벌어지는 일들을 잘 이해하지 못해 혼란을 느낀다

불편한 기분을 정리하는 데 필요한 만큼 시간을 보내세요. 무언가 자신에게 도움이 되지 않는다고 생각한다면 그에 관한 생각을 바꾸는 것도 좋습니다.

나르시시스트의 나쁜 행동도 사람이기 때문에 용서받을 수 있다고 스스로 확신한 적이 있다

사람이기 때문에 나쁜 행동을 할 수 있다는 건 인정의 이유가 될 수 없습니다. 스스로 확신하며 넘어가기 전에 내가 느낀 감정을 먼저 주시하세요. 내 감정이 불쾌하다면 그것이 진실입니다.

인지 부조화가 없는 건강한 관계 발견하기

Q1. 인지 부조화가 자주 발생한 관계가 있나요?

Q2. 늘 진실되고 믿을 만하다고 느끼는 관계가 있나요?

나를 깎아내리면서까지 남을 만족시키지 마세요

다른 사람의 눈치를 보는 행동은 생존 모드와 같습니다. 때론 누군가를 만족시키기 위해 자신에게 중요한 것을 포기하게 되기도 하니까요. 사실 일찌감치 학습했든 아니면 나르시시스트 때문이든, 대부분 사람은 다른 사람에게 인정받으며 평화를 유지하는 방법을 학습했습니다. 이는 자기에게 일어난 여러 상황을 스스로 관리하고 싶어서 자연스레 학습한 것입니다.

하지만 과도한 눈치 보기는 성장할 여지를 주지 않습니다. 과하게 남 눈치를 보다 보면 수치심을 느끼게 될 뿐이거든요.

자신을 사랑하고 받아들이는 걸 연습하면 상대 눈치를 보고 만족시키려는 경향은 사라집니다. 이후 나르시시스트가 아닌 이들과 건강한 관계를 많이 발전해나가세요. 서로의 경계를 배려하는 일 외에 나를 깎아내리면서까지 남을 만족시키려는 일은 없어질 거예요.

나는 다른 사람의 눈치를 과하게 볼까?

아래 질문에 답해보세요.

Q1. '아니오'라고 할 때 돌아올 나쁜 결과가 두렵다.
예 □ | 아니오 □

Q2. 다른 사람들이 언제나 나를 좋아해주길 바란다.
예 □ | 아니오 □

Q3. 다른 사람들에게 나의 진짜 모습을 숨기고 있다.
예 □ | 아니오 □

Q4. 내 잘못이 아닌 일도 책임을 지려고 하는 편이다.
예 □ | 아니오 □

Q5. 주변에 다른 사람들이 있는데도 외로움을 느낀다.
예 □ | 아니오 □

Q6. 상대에게 주고 또 주지만(정신적, 실질적인 것 모두) 그에 비해 자주 돌려받지 못한다.
예 □ | 아니오 □

'예'라고 답한 문장이 많을수록 남의 눈치를 많이 보는 경향이 강하다고 할 수 있습니다.

거절의 결과는 생각보다 나쁘지 않습니다

이전의 체크리스트에서 첫 번째 질문을 되짚어볼게요. 사실 두 번째 질문에서 여섯 번째 질문까지의 모든 행동이 궁극적으로는 첫 번째 질문으로 되돌아갑니다.

남의 눈치를 본다는 건 결국 내게 돌아올 부정적인 결과가 두려워 진심과 다른 행동을 하게 된다는 의미입니다. 마음과 다른 행동은 인간관계에서 한순간의 평화를 가져오지만 결코 건강한 관계로 이어지지는 않습니다.

그런데 떠올려보세요. 정말 남들이 원하는 대로 하지 않았을 때 늘 최악의 결과가 따라왔나요? 아니요. 선택의 결과는 내가 두려워하는 것만큼 그렇게 나쁘지 않습니다. 이 점을 기억한다면 전보다는 조금 덜 눈치를 보게 될 것입니다.

**최악의 결말
지우기**

Q1. 타인의 요청을 거절했을 때 일어날 수 있는 최악의 결말은 무엇일까요?

Q2. 그렇다면 실제로 일어날 가능성이 가장 높은 결말은 무엇일까요? 최악의 결말과 같나요?

나 자신을 돌보는 것이 여전히 이기적으로 느껴진다면

많은 내담자에게서 죄책감과 수치심이라는 장애물을 발견합니다. 그들은 자기 돌봄Self-nurturing과 자기 관리가 '자아도취적이다'라는 의미라고 생각하죠. 하지만 내가 나를 아끼는 건 오히려 건강한 관계를 만들어나가는 발판이 됩니다.

여러분도 피해자들처럼 생각한다면 그 생각을 멈추고 자신과 나르시시스트 사이의 가장 큰 차이점을 생각하세요. 나는 공감을 할 수 있지만 나르시시스트는 공감을 하지 못한다는 바로 그 차이점을요.

차이점을 상기했다면 이제 죄책감이나 수치심을 느끼는 상황을 찾아 이름을 붙여봅시다. 수치심을 느낄 때 사람은 보통 어깨를 축 늘어뜨리거나 피곤한 표정을 짓고, 또 표정을 가리려는 듯 손으로 얼굴을 움켜쥐기도 합니다. 당혹감을 느끼거나 자신에게 결점이 있다고 생각하는 경우도 있습니다.

죄책감을 느낄 때는 고개를 숙이거나 눈을 마주치지 않으면서 마치 숨으려는 듯 보입니다. 감정적으로는 가치가 없다고 느낄 수 있습니다.

왜 내겐 항상 똑같은 문제가 반복될까

나르시시스트와 함께 지내다 보면 특정 상황이 반복되고 그 상황에 대처하는 나의 행동도 반복됩니다. 이를 문제 패턴이라고 해요.

저는 두 번 정도 나르시시스트와 함께 지내야 했습니다. 그러다 보니 자연스레 문제가 벌어지면 매우 방어적인 태도로 행동하게 되었습니다. 내가 비판받는 상황에 민감해져서 남을 무심코 상처 입히기 일쑤였고, 그 후에는 과도한 죄책감과 수치심을 느껴야 했습니다. 점차 본능적으로 도망가거나 마음의 문을 닫아버렸고 그렇게 상황은 더 악화되었습니다. 다행히도 저의 문제 패턴을 알아챈 뒤, 갈등 상황에서 감정을 해소하는 시간을 가진 후 대화하는 방법으로 행동을 바꾸고 나니 더 이상은 죄책감이나 수치심을 느끼지 않았습니다. 실제로 타인에게 상처 입히는 일도 줄어들었죠.

이처럼 문제에 대한 나의 행동 패턴을 인지하는 것은 경계가 침범당하고 충돌하는 상황에서 납득되지 않는 일이 벌어졌을 때 상대와 내가 서로 어떻게 하면 피드백을 잘 주고받을 수 있는지를 배우는 과정입니다. 유해한 사람을 멀리하고 사랑하는 사람들과는 더 가까워지는 데 도움이 되죠.

다시 말하지만, 우리는 사람이기에 실수할 수 있습니다. 실수가 무조건 건강한 관계를 망가뜨리는 건 아닙니다. 때론 실수를 인정하고 화해하며 더욱 건강한 관계를 발전시킬 수 있어요. 이런 생각을 기반으로 문제 상황에 대한 나의 패턴을 파악하고 천천히 바꾸어나가세요.

**문제 패턴
인지하고 바꾸기**

Q1. 인간관계에서 갈등이 생기거나 문제가 터졌을 때 내가 주로 취하는 행동은 어떤 것들이 있나요?

예) 누군가 내가 잘못했다고 암시하면 변명하기 위해 섣불리 대답했다가 더 큰 화를 초래한다.

Q2. 유해한 관계를 끝내고 건강한 관계를 발전시키기 위해 당신의 문제 패턴을 어떻게 바꿀 수 있나요?

예) 누군가 내가 잘못했다고 암시하면 나는 완전히 실패한 것처럼 느낀다. 그래서 방어적인 태도를 보이고 수치심과 죄책감을 느껴 쓸데없는 말로 화를 자초한다. 이제는 같은 상황에서 잠시 뒤로 물러나 내 행동을 상대 입장에서 바라볼 것이다. 그리고 정말 내가 실수한 게 맞는다면 책임을 질 것이다. 만일 내가 아닌 나르시시스트의 잘못이라면 그가 책임질 수 있게 경계를 확실히 시행할 것이다.

매일 스스로를 피곤하게 만들고 있지는 않나요

나의 삶에 누가 가장 오래 존재하고 있는지, 나는 시간을 어떻게 보내는 것에 관심이 있는지 조금 깊이 생각해 볼까요.

여러분은 시간이 날 때 함께하면 행복하고 만족스럽고 기분 좋은 사람들과 있나요? 아니면 자극적이고 폭력적인 콘텐츠를 즐기는 편인가요? 그것도 아니면 다른 사람들과 자신을 비교하며 소셜 미디어에 과도한 시간을 쏟나요? 이런 질문들을 통해 내가 가진 사회와 자원, 공동체가 내게 기쁨을 가져다주고 있는지를 파악할 수 있습니다.

생각만 해도 피곤하게 느껴지는 이들이 여러분의 하루 중 가장 많은 부분을 차지하고 있지는 않은지 알아보세요. 그가 자아도취적 학대로 나를 망가뜨리는 중일지도 모릅니다. 혹은 소셜 미디어에 집중하며 그 안에서 자아도취적 인물을 존경하고 있어 매일 밤 지쳐 잠드는 건 아닌지 살펴보기 바랍니다.

　언제나 내 시간을 기쁘게 채우는 것과 그렇지 않은 것을 파악해 경계를 시행하세요.

**나를 기쁘게
하는 것
알아보기**

Q1. 하루 중 여유로운 시간이 생겼을 때 내가 주로 하는 일들은 무엇인가요?

Q2. 그 일들은 나를 기쁘게 하나요, 지치게 하나요?

관계도 성장이
필요합니다

　　　　　　　나의 인간관계의 범위를 더욱 넓고 건강하게 발전시키기 위한 몇 가지 연습을 해보죠. 안타깝게도 많은 사람들이 인간관계를 성장시키는 데 소홀합니다. 분명 인간관계를 올바른 방향으로 시작해 유지해나가는 건 배울 수 있어요.

　우선 긍정적 관계의 몇 가지 예를 알아보고 어떻게 실천할지 주목해보겠습니다. 제가 예로 든 아이디어 외에도 여러분만의 아이디어를 생각하고 자신에게 어떻게 응용할지 고민해보세요.

　열린 마음으로 의사소통하기
　상대를 위해 의도적으로 시간 내기
　상대가 내게 얼마나 중요한 존재인지 말해주기
　모든 오해를 신속하고 공개적으로, 정직하게 해결하기

상처가 크더라도
다시 건강한 관계를
쌓을 수 있습니다

        은밀한 나르시시스트였던 파트너와 수년간 사귀었다 헤어진 뒤, 루시는 한동안 다시 누군가를 만나지 못했습니다. 혹시나 또 다른 유해한 관계에 빠지지 않을까 두려워 끊임없이 자신을 보호했고 그것은 극도로 강한 경계로 이어졌습니다. 그로 인해 루시는 연인은 물론 유대감이 느껴지는 어떤 인간관계도 만들지 못했습니다.

        저는 루시에게 우선 자아도취적 학대로 입은 마음의 상처부터 치유하자고 했습니다. 그리고 자기애와 자기 연민을 통해 자존감을 세우고 건강한 관계를 성장시키는 새로운 경계를 만들도록 했죠.

        다행히 루시는 다시 인연을 찾고자 노력하게 되었고 개성이 뚜렷하면서도 솔직한 제이다를 만났습니다. 루시는 제이다와 함께할 땐 그전의 연인에게서 느꼈던 불편함과 수치심을 느끼지 않았습니다. 처음엔 제이다의 다정한 칭찬과 긍정적인 말이 루시는 익숙하지 않았습니다.

그러나 서로 의견이 다를 때조차 제이다는 그 상황에서 도망치지 않고 마음을 열고 대화하여 의견을 조율해나갔습니다. 루시는 최악의 상황만 떠올렸음에도 이 또한 감싸주었죠.

결국 루시는 제이다를 통해 방어적이었던 태도를 풀고 스스로의 감정을 돌아보게 되었습니다. 그리고 감정적으로 극한에 몰려도 그 순간 몇 초만 참으면 진정이 되어 제이다에게 상황을 제대로 말할 수 있다는 걸 깨달았습니다.

루시는 제이다와의 관계에서 올바른 의사소통과 애정, 유대감을 유지는 법을 배웠습니다. 그리고 제이다 외의 다른 사람들과도 안정감 있고 건강한 관계를 맺게 되었죠.

이처럼 건강한 관계는 자신의 취약점을 알고 이를 개선할 여러 목표를 세우며 실천해나가면 반드시 얻을 수 있습니다. 어렵지만, 내가 바꾸고 싶은 것과 좋아하는 것을 솔직하게 바라보면 가능해요.

자신의 내면을 깊숙히 바라보는 스스로의 노력을 칭찬해주세요. 상당한 용기가 필요한 일이거든요. 그 용기의 값진 보상으로 다른 사람들과의 건강한 연결 고리와 진정한 핵심 자아로 사는 삶이 따라올 거예요. 진정한 방식으로 사는 건 우리가 가장 자유롭게 사는 길임을 알고 멋지게 누리기 바랍니다.

CHAPTER 07

자기 가치대로 나아가는 삶

마지막 챕터에서는 계속해서 회복해나가며, 스스로를 사랑하고 존중할 수 있도록 배워온 모든 걸 통합해볼 거예요. 지금껏 해온 연습은 다른 사람들과 서로 존중할 수 있는 관계로 나아가도록 이어져야 합니다.

치유와 회복에는 시간과 노력이 필요해요. 그 과정에서 다시 원점으로 돌아가 제자리걸음을 하고 있는 듯한 기분을 종종 느낄 수도 있습니다. 하지만 책에서 함께 한 작업을 멈추지 않는다면 그러지 않을 거라 장담합니다. 가끔 예전처럼 행동하게 될 수도 있지만 이제는 그 행동이 무엇인지 인지하고, 그게 그대로 내 삶의 방식이 되게 내버려두지 않을 테니까요.

다시 원점으로
돌아가지 않으려면

앞서 전남편 데릭의 이기적이고 파괴적인 자아도취적 행동을 깨닫고 그에게 경계를 확실히 그은 브리아나의 이야기를 기억하나요?

사실 브리아나가 데릭을 끊어내고 법적 대응을 불사하기까지 쉽지만은 않았습니다. 데릭만큼 좋은 사람은 앞으로 못 만날 거라고 생각해왔기도 했고, 데릭도 그녀에게 '나 말고 또 누가 너를 사랑하겠느냐'라고 가스라이팅을 해두었기 때문이었습니다.

하지만 브리아나는 두 아들을 보호해야 한다는 점에서 마음을 다잡았습니다. 그녀는 이혼 직후엔 내심 언젠가 두 아들이 성장한 후 데릭과 재회하면 어떨까 하는 마음도 있었어요. 그러나 브리아나에겐 두 아들과의 관계가 훨씬 더 중요하고 건강했습니다. 아이들이 다 자라도 데릭의 이기적인 통제는 멈추지 않을 게 자명했고요.

브리아나는 데릭이 자신과 아이들에게 얼마나 큰 피해를 입혔는지 다시금 새겼습니다. 그리고 이 책을 읽고 자신이 지금보다 더 나은 사람이 될 자격이 있다고 생각했죠. 브리아나는 데릭이 자신을 가스라이팅하며 중요한 것들을 빼앗았다는 걸 깨달았고 그런 자신을 치유하고 보호해야 함을 명확히 파악했습니다.

데릭과의 관계를 정리하자 브리아나는 새로운 우정을 쌓을 수 있었고 사람들을 다시 믿을 수 있게 되었습니다. 그녀는 자기 직관에 세심한 주의를 기울이는 동시에 그걸 어떻게 믿어야 하는지도 배웠습니다. 또 스스로를 조금 더 다정하게 대하기 시작했죠.

브리아나에겐 분명 원점으로 돌아갈 뻔한 순간이 있었습니다. 쉼없이 마음이 흔들렸어요. 그러나 그러지 않을 수 있었던 건 경계를 설정하고 잘 시행했던 덕분이었습니다. 지금까지도 브리아나는 데릭에게 말할 때 경계를 강하게 유지합니다.

이처럼 브리아나는 변화하고 성장했습니다. 그렇기에 다시 원점으로 돌아가지 않을 수 있었습니다.

**배운 것
되짚어보고
반성하기**

Q1. 나르시시즘에 관해 더 배우고 싶은 게 있나요?

Q2. 은밀한 나르시시스트와 노골적인 나르시시스트의 차이점을 알고 있나요? 당신 삶을 좀먹은 나르시시스트는 어디에 해당합니까?

Q3. 당신이 경험한 걸 인정하고 받아들였나요? 그렇지 않다면 어떻게 해야 인정과 수용을 위해 나아갈 수 있을까요?

Q4. 자기애와 자기 연민, 자기 수용을 실천에 옮기는 게 편하게 느껴졌나요? 그렇지 않다면 무엇이 방해하고 있는지 곰곰이 생각해보세요 (4챕터 연습들 참고, 95쪽).

Q5. 어디에 경계가 필요하고, 언제 어떻게 경계를 강화해야 하는지 인지하기 시작했나요?

Q6. 삶에서 개선하고 싶은 건강하지 못한 관계가 있나요?

Q7. 건강한 새 관계가 시작될 때 그 관계들을 어떻게 키워나갈 것인지에 관한 아이디어가 있나요?

지금까지 해온 것에 자부심 가지기

1. 바닥에 단단히 발을 붙이고 앉을 조용한 장소를 찾으세요. 그다음 등을 곧게 펴고 앉아 어깨 힘을 빼세요.
2. 지금껏 살면서 어디에 있었는지, 무슨 일이 일어났는지, 그리고 지금 여기에 도달하기 위해 거쳐온 과정을 되짚어보세요.
3. 이 주제를 떠올릴 때 몸을 꼼꼼히 살펴보고 긴장하고 있는 부위가 있는지 알아차린 다음 그 부위를 풀어주세요. 간단한 스트레칭을 통해 근육의 긴장을 풀면 좋습니다.
4. 이제 자신이 어떤 경험을 했고, 얼마나 많이 성장했는지 깊이 이해하는 시간을 보낸 것에 자부심을 느끼고 잠시 그 순간을 즐기세요.

무시에 익숙해져
핵심 자아와
멀어지지 마세요

나르시시스트와의 관계는 피해자가 핵심 자아와 끊어지게 만듭니다. 나르시시스트와의 사이에서 평화를 유지하는 데 과도하게 몰두하고, 상황을 이해하려 억지로 노력하고, 모욕과 무시당하는 일이 비일비재하여 생존 모드에 빠지기 때문입니다. 생존 모드에 돌입하면 자기 관심사나 스스로를 위한 시간을 깊이 가질 여유가 없습니다.

나르시시스트 성향의 남편과 10년이 넘게 살았던 내담자는 이혼한 지 오랜 시간이 지난 뒤에도 자신의 자아, 즉 핵심 자아를 작고 작은 조각으로 묘사했습니다. 하지만 자아도취적 학대의 피해자들도 나르시시스트와 얽히기 전엔 더 큰 덩어리의 핵심 자아를 내면에 지니고 있었을 것입니다.

삶에서 중요한 것들을 인식하는 건 나르시시스트 때문에 부분적으로 혹은 완전히 잃어버렸을 가능성이 높은 정체성을 다시 확립할 때 꼭 필요합니다. 또한 중요하게 여기는 게 무엇인지 알면 경계를 강화하는 데 유용하며, 자아도취적 학대로부터 회복하는 기초적인 토대를 마련할 수 있습니다.

내가 무엇을
원하는지
알 수 없을 때

자아도취적 학대의 피해자들은 정체성의 많은 부분을 다른 사람을 기쁘게 하고 나르시시스트와의 평화를 유지하는 데 할애합니다. 그래서 더 이상 자신이 무엇을 원하는지, 진정한 자기 모습이 어떤지 알 수 없게 되죠.

이제 내면의 중심에 있는 자신을 포용할 때입니다. 어쩌면 이 책을 시작하고 끝낼 때까지 내내 주변에 있는 나르시시스트가 여러분을 헐뜯을지도 몰라요. 그런 것에 관심을 주지 마세요. 새 미래를 다시 만들어가기 위해서는 나르시시스트가 아닌 내가 무엇을 중요하게 생각하는지 알아야 합니다.

내가 중요시하는 삶의 가치 찾기

일반적으로 사람들이 소중하다고 여기는 몇 가지 가치를 소개할게요. 각각을 보면서 내면의 울림이 느껴지는 것은 무엇인지 찾고 그 이유를 써보세요. 이 리스트에 없지만 본인이 생각하기에 중요하다 생각하는 가치도 생각해봅니다.

- ☐ 가족
- ☐ 교육
- ☐ 사랑
- ☐ 안전
- ☐ 평화
- ☐ 커리어
- ☐ 탐험·여행
- ☐ 종교·영성
- ☐ 환경 보호
- ☐ 사회적 지위
- ☐ 반려동물 보호
- ☐ 기타(직접 적어보세요)

자기 가치를 명백히 느끼기

내가 중요하게 생각하는 가치들을 잘 골랐나요? 아마 대부분 여러 개를 골랐을 거예요. 그러면 그중 단 하나, 가장 중요하게 생각하는 가치를 골라보세요.

이제 그 가치를 충실히 따르며 사는 자신의 미래 모습을 상상해보세요. 나의 핵심 자아가 중시하는 가치와 일치하는 삶을 사는 스스로를 떠올리면 어떤 감정이 들고 몸에 어떤 반응이 나타나나요?

한 내담자는 원하는 바대로 살아가는 자신을 생각하면 눈가가 뜨거워지며 기쁨의 눈물이 차오른다고 했습니다. 이렇게 내 몸에서 나타나는 반응을 잘 알아차리세요. 자기 가치대로 나아가고 싶을 때 좋은 길잡이가 될 수 있습니다.

또 미래의 자신에게 자부심이나 애정, 또 다른 긍정적인 감정을 느끼는지도 살펴보세요. 그 감정은 목표를 유지하는 데 큰 동기가 됩니다. 만약 미래에 절망이 찾아온다면 이 연습으로 돌아와 진정한 가치를 지니고 살아가는 게 어떤 느낌인지 스스로에게 상기시켜주세요.

자기 가치를 실천에 옮기기

내가 중시하는 가치들을 일상생활에 어떻게 반영할 수 있을지 생각해봅시다.

만약 자연을 보호하고 환경을 깨끗이 유지하는 것에 관심이 있다면 어떻게 그 가치에 맞춰 일상생활을 바꿀 수 있을까요? 해변이나 공원,

산책로를 청소하는 봉사 활동을 하거나 쓰레기 분리수거를 철저히 할 수 있겠죠. 아니면 물건을 살 때 재활용이 가능한 포장지를 고르거나 퇴비로 만들 수 있는 포장지를 고르는 것도 가능하고요.

저는 내외면의 평화를 중요시합니다. 그래서 삶의 평화를 위해 반드시 혼자만의 시간을 가지며 상담 외의 시간에는 너무 많은 뉴스나 폭력적인 영상을 보지 않으려고 합니다.

자기 가치를 행동으로 전환하고 진정으로 수행할지에 관해 스스로에게 질문해보세요. 생활 패턴은 사람마다 다르기에 같은 가치를 골라도 서로 다른 아이디어를 떠올릴 겁니다. 무엇이 되었든 좋습니다. 아이디어를 실행에 옮기면 자기 가치가 나의 진정한 모습, 그 자체가 되어 정체성을 되찾을 수 있습니다.

**자기 가치
선택하고
실행하기**

Q1. 내가 생각하기에 가장 중요한 가치 세 가지를 적어보세요.

Q2. 그 가치대로 살아가는 미래의 자신을 떠올려보세요. 어떤 감정이 느껴지나요? 몸에는 어떤 반응이 나타나나요?

Q3. 내가 고른 자기 가치를 일상생활에서 실행할 아이디어들을 자유롭게 생각해보세요.

나를 위해
아무것도 하지 않는다고
자책하고 있다면

먼저 이미 하고 있는 자기 관리들을 찾아봅시다. 내가 나를 위해 아무것도 안 하고 있다고 자책하고 있나요? 아닙니다. 물 자주 마시기, 일하는 틈틈이 스트레칭하기 같은 작은 노력도 나를 위한 행동들입니다.

아침에 일어나 밤에 잠들기까지 자기 관리를 어떻게 하는지 꼼꼼히 살펴보세요. 특히 내가 휴식을 제대로 취하고 있는지를 잘 생각합니다.

자기 관리를 하는 게 이기적이라는 뜻이 아닌 걸 잊지 마세요. 뭔가를 배우고 운동을 하는 것도 자기 관리고, 맛있는 걸 먹거나 푹 자는 것도 자기 관리입니다.

**나의 자기
관리법 확인하기**   Q. 이미 실천하고 있는 자기 관리 방법들을 적어보세요.

나를 위한
행동이 습관화되어야
합니다

자기 관리의 형태가 다양하기에 자기 관리는 일상 어느 때든 쉽게 해낼 수 있습니다. 일상에서 쉽게 해볼 수 있는 몇 가지 자기 관리법을 알려드립니다.

중요한 건, 어떤 자기 관리를 하느냐가 아니라 나를 위한 행동을 습관화하여 스스로를 존중하고 사랑하게 되어야 한다는 것입니다. 물론 자기 관리가 습관이 될 때까지는 어쩔 수 없이 불편함을 느낄 수밖에 없습니다. 그럴수록 더 규칙적으로 자기 관리를 실천하세요. 습관화된 자기 관리는 핵심 자아에 대한 더 많은 통찰력을 가져다주며 긍정적인 자존감을 선물합니다. 그리고 결국에는 균형 잡히고 건강한 삶을 사는 자신을 발견하게 될 것입니다.

다음은 몇 가지 일상에 접목할 수 있는 자기 관리 아이디어입니다. 따라 해봐도 좋고 여러분만의 스타일을 찾아나가도 좋습니다.

산책하기 자연의 소리를 들으며 햇볕을 쬐면 건강에도 좋다.

경치 보기 창밖으로 먼 산이나 하늘, 석양을 감상한다. 눈 피로가 풀리며 기분이 상쾌해진다.

미디어 디톡스 소셜 미디어나 전자 기기와 한 시간 동안 접촉하지 않는다. 과도한 자극에서 벗어날 수 있다.

강아지와 놀기 공원처럼 강아지가 노는 곳에 가서 구경한다. 반려견이 있다면 함께 시간을 보낸다.

스스로 포옹하기 자기를 안아주는 것은 마음을 차분하게 만들어준다.

길게 심호흡하기 5초간 숨을 들이마시고 8초간 내쉰다. 숨을 길게 내쉬면 부교감신경계(스트레스를 받은 몸을 쉬게 하는 신경계의 한 부분)가 자극돼 마음이 차분해진다.

몸과 마음이
취약해졌을 때를
바로 알아차리세요

　　　　　　　자기 관리가 필요한 때라고 하면 사실 약간 오해의 소지가 있을 수 있어요. 왜냐하면 우리는 늘 항상 스스로를 돌봐야 하니까요. 그러나 자기 관리가 일상화될 때까지는 자기 관리가 필요한 때가 언제인지 인지할 방법을 찾아 신경 써야 합니다.

　자기 관리는 더 편한 길로 빠지거나 미루거나 무시하기 쉬워요. 그래서 이게 꼭 필요하다는 핵심 자아의 신호를 알아채야 합니다. 그러지 않으면 몸과 마음이 쉽게 취약해지고 나르시시스트를 만났을 때 트리거가 발동해 다시 원점으로 돌아갈 수 있어요.

**자기 관리가
필요한 때
알아보기**

Q. 충분한 자기 관리를 하지 않아서(또는 그 어떤 것도 하지 않아서) 발생했던 문제들이 있는지 떠올려보세요.

똑똑한 사람도
나르시시스트의 덫에
걸리는 이유

　　　　　　자아도취적 학대를 비롯한 정서적 학대는 자존감을 죽입니다. 특히 음흉하고 잔인한 나르시시스트는 꼭 피해자의 자존감을 무너뜨리는 게 최종 목표인 것처럼 굴죠.

　다행히 자기 관리를 충실히 하면 자연스럽게 자존감이 높아집니다. 스스로를 아끼고 존중하는 일이 자기 관리이기 때문이죠. 자존감을 의식하며 자기 관리를 해나가면 마치 근육처럼 자존감은 단단해지고 커집니다.

　생각 외로 많은 성공을 거두고 똑똑한 사람들이 나르시시스트에 의해 자존감이 파괴되어 저를 찾아오곤 합니다. 즉, 개인이 이룬 업적이나 재능과 상관없이 나르시시스트는 피해자들을 핵심 자아로부터 멀어지게 만들고 피해자가 가진 모든 긍정적인 감정을 소멸시킬 수 있는 겁니다.

나르시시스트는 피해자의 모든 시간을 빼앗고 과도하게 요구하면서 피해자를 완전히 통제하려 합니다. 또한 피해자가 오직 본인을 위해서만 존재하길 원하기 때문에 피해자가 쉬는 시간을 절대 허락하지 않아요. 자아도취적 학대라는 예리한 조각칼로 피해자의 자존감을 깎아버리고자 모든 조작을 서슴지 않고요.

　따라서 자기 관리를 통해 내가 나부터 돌보며 나르시시스트에게 주었던 관심과 존경을 거두어들여야 합니다. 자기 관리는 나 자신에게서 벗어난 시선을 다시 나에게로 돌리는 최고의 방법이에요. 그리고 세상에서 자신을 가장 사랑하는 사람이 되어 자연스레 자존감을 높여줍니다.

　나의 애정과 관심, 시간을 나르시시스트에게 쏟고 있었다면 어서 자신에게로 다시 돌리도록 하세요.

현재 나의 자존감 파악하기

Q1. 나르시시스트와 함께 지내면서 자존감이 어떻게 변화했는지 떠올려 보세요.

예) 나르시시스트 연인을 만나기 전 나는 나 스스로를 매력적인 사람으로 생각했는데, 나르시시스트 연인에게 휘둘리고 나서는 내가 끊임없이 외모를 가꾸면서 삶을 모두 연인에게 맞춰야만 매력적인 사람이라고 생각하게 되었다.

Q2. 정서적 학대에도 불구하고 사라지지 않은 자존감이나 스스로의 장점이 있나요?

예) 나르시시스트 연인을 만나면서도 내 커리어에 대한 자부심은 줄지 않았다. 회사 동료들이 인정해주어서 다행히도 그럴 수 있었던 것 같다.

자존감 체크하기

자신에 관한 생각과 일치하는 문장을 체크하세요. 이때 정말 내가 평소에도 그렇게 느끼는지 세심히 주의를 기울이며 답하세요.

- ☐ 나는 공정하다.
- ☐ 나는 성실하다.
- ☐ 나는 정직하다.
- ☐ 나는 능력이 있다.
- ☐ 나는 용기가 있다.
- ☐ 나는 나 자신을 믿는다.
- ☐ 내 삶엔 감사한 존재가 많다.
- ☐ 내 행동에 책임을 질 수 있다.
- ☐ 나는 회복할 수 있는 힘이 있다.
- ☐ 나는 진정한 내 모습을 좋아한다.
- ☐ 나는 사랑과 존경을 받을 자격이 있다.
- ☐ 나는 나라는 이유만으로도 가치 있는 존재다.
- ☐ 나는 반드시(예외 없이) 나 자신을 있는 그대로 받아들인다.
- ☐ 나는 피드백이나 비판이 나의 가치를 깎지 않는다고 생각하며 받아들인다.

체크한 문장이 많을수록 당신의 자존감은 높습니다. 한두 개만 체크를 해도 괜찮습니다. 자존감을 쌓을 수 있는 기회가 충분하다는 뜻이니 걱정 마세요.

자존감 쌓기 1단계: 긍정적 자기 대화

자존감을 높이기 위한 첫 번째 단계는 긍정적인 자기 대화입니다. 자존감이 낮으면 내면에 자리한 부정적인 괴물에게 자기 비난을 먹이로 던져주게 됩니다. 시간이 지날수록 부정적인 괴물은 자라나 결국 나를 온통 지배하게 되고요.

사람은 자기 자신과 가장 많은 시간을 보냅니다. 그래서 스스로를 다정하게 대하는 게 기본이에요.

다음은 부정적인 자기 대화를 긍정적인 자기 대화로 바꾸어 재구성한 것들입니다. 이 사례들을 보며 여러분은 또 어떻게 재구성할 수 있을지 각자 생각해보세요.

멜리사는 다이어트에 성공했는데 난 아직 뚱뚱해. 나도 멜리사처럼 날씬해지고 싶은데 난 끈기가 없어서 안 될 거야. → 다이어트를 성공해낸 멜리사가 대단해. 나도 내게 맞는 방식의 다이어트를 해나가고 있으니 괜찮아.

면접 다 망했어! 면접관들이 말 더듬는 날 얼마나 바보로 봤을까? → 이번 면접에선 준비한 걸 다 못 보여줬어. 아쉽지만, 이번 경험을 교훈 삼아서 다음 면접에선 자신 있게 말하도록 준비 많이 하자.

부정적 자기 대화 재구성하기

Q. 평소 자주 하는 부정적인 자기 대화를 긍정적으로 재구성해보세요.

자존감 쌓기 2단계: 적극적 자기 주장

　자존감이 낮으면 다른 사람이 나를 무시하게 두거나 상대의 불친절한 대우를 수용하기 쉽습니다. 끔찍한 방식의 삶이죠. 우리는 훨씬 더 나은 대우를 받을 자격이 있습니다.
　자기 의견을 주장하는 것과 공격적인 성향을 헷갈리지 말아야 합니다. 둘은 분명 달라요. 자기 주장은 공격성보다 훨씬 더 나은 결과를 가져옵니다.
　자신을 위해 적극적으로 목소리를 내는 게 어떤 건지 예를 들어볼게요.

상사의 일방적인 야근 강요 상황

첸, 야근 좀 해줘야겠어. 다른 사람들은 다 안 된대.
↔ 전에 말씀드렸다시피 아내와 전 평일에 아이 픽업을 나누어서 하는데, 월요일과 수요일엔 제 차례입니다. 그래서 오늘은 안 돼요. 제게도

피치 못할 사정이 있으니 다른 사람에게 맡기는 방향으로 생각해주세요.

자신을 위한 의견 주장은 내가 소중한 존재이며 존중받을 자격이 있다는 사실을 명확히 하는 일입니다. 절대 죄책감을 느끼지 마세요.

자기 의견 적극적으로 주장하기

Q1. 적극적으로 의견을 펴야 했지만 그러지 못해 이용당한 경험을 떠올려보세요.

Q2. 그때 자신이 말하고 싶었던 내용을 써보세요.

자존감 쌓기 3단계: 내면 아이 보호하기

우리는 날씨에 맞는 옷을 입고, 외출할 때 집 문을 잠그는 등 항상 자신을 안전하게 보호합니다. 자신을 보호하는 건 당연한 일이니까요. 그러므로 스스로를 옹호하고 자신을 위해 목소리를 내는 것 역시 당연합니다. 연습을 통해 남을 옹호하는 대신 자신을 보호하는 데 익숙해져야 합니다.

앞으로 며칠 동안 앞서 배운 긍정적인 자기 대화와 적극적인 자기 주장을 연습하세요. 물론 익숙하지 않은 사람은 불편한 기분을 느낄 거예요. 하지만 완벽하게 해내는 일이 많아질수록 이전에 희생했던 말도 안 되는 요구들을 더 이상 수용하지 않게 될 겁니다.

그리고 여러분의 내면 아이가 어떤 대우를 받길 원하는지 잘 탐색해보세요. 여러분은 사랑과 존경, 그리고 친절을 받을 자격이 있습니다. 내면 아이가 원했던 것 이하의 대우는 거절할 자격이 있음을 기억하세요.

즐거움을 느낄 때
스스로에게
더 다정해집니다

나르시시스트와의 관계에서 생존 모드에 들어가면 피해자는 무엇이 즐거운 건지 더 이상 알 수 없게 되기도 합니다. 그래서 나를 즐겁게 하는 것들을 잘 알아야 합니다. 가족, 친구와 같은 인간관계나 예술, 음식, 자연, 스포츠 등 여러 취미 영역에서 즐거움을 느낄 때 우리는 스스로에게 더 다정해집니다.

거창할 필요는 없어요. 반려동물이 노는 모습이나 집 앞마당에서 자라는 꽃들을 바라보는 일처럼 일상적인 것도 좋습니다. 세상의 정말 많은 것들이 즐거움을 가져다줄 수 있어요. 또 다른 사람들이 크게 관심 가지지 않는 것이 내겐 최고의 기쁨일 수도 있고요.

저에겐 오래된 애착 담요가 있는데, 남들은 그 담요를 다 보기 흉하다고 하지만 제게는 보는 것만으로도 따뜻한 추억과 큰 기쁨을 안겨주는 소중한 물건이랍니다.

나를 즐겁게 하는 것 찾기

Q. 생각하면 좋은 것들, 하면 신나는 일들, 존재만으로도 기쁨인 것들을 찾아보세요.

일기 쓰기와
달력 쓰기의 힘

자, 우리는 이 페이지에 오기까지 참 많은 연습을 했습니다. 이제 그 연습들을 하나로 정리할 때예요. 연습을 해보며 알았겠지만 이 책이 제안하는 치유법은 대부분 자신에 대해 더 많은 것들을 알아내는 과정입니다. 그러니까 나르시시스트가 준 상처를 치유하는 데는 나에게 집중하는 일이 가장 중요한 거죠.

이 책에서 한 연습들은 한 번만으로 끝나진 않아요. 매일 잘 진행되고 있는지 체크하고 늘 상기할 수 있게 기록해야 합니다.

일기와 달력은 내가 치유 단계의 어디까지 왔는지를 알 수 있게 해주고 앞으로 더 필요한 항목이 무엇인지 살피는 데도 유용해요. 먼저 내가 가장 취약해서 반드시 주의해야 하는 항목들부터 작성하세요. 그리고 이것들을 달력에 적어두고 매일 또는 매주 확인합니다. 휴대폰의 캘린더 앱은 시간 예약과 알림이 가능해 빠뜨리지 않고 확인할 수 있어

추천합니다. 체크 후에는 무엇을 느꼈는지 간단히라도 일기를 쓰세요.

　이 책은 앞에서 배운 기술과 정보를 바탕으로 다음 과정을 진행하는 선행적인 구조로 되어 있지만 때에 따라, 각자의 필요에 따라 중간에 있는 연습부터 먼저 시작해도 좋습니다.

**일기와 달력으로
취약점 관리하기**

Q1. 치유의 과정에서 원점으로 돌아가게 할 만큼 조심해야 하는 나의 취약점을 세 가지 이상 쓰세요.

Q2. 해당 취약점을 달력에 쓰고 매일 체크하고 일기를 쓰세요.

핵심 자아에게 보내는 편지

진정한 내 모습에게 존중의 마음을 담아 편지를 써보세요. 앞으로 어떻게 스스로를 사랑하고 돌보는 법을 계속 배워나갈지, 또 더 이상 다른 사람이 자신을 망가뜨리도록 두지 않겠다고 이야기하세요. 책의 연습 문제를 통해 무엇을 성취했는지, 앞으로 무엇에 집중할 계획인지도 말해봅니다. 마땅히 받아야 할 사랑과 동정의 마음을 담아 자책하지 말고 써주세요.

다 쓴 편지는 잘 보관하세요. 핵심 자아와 계속 접촉해나가기 위해 편지를 다시 읽어야 하니까요.

To. 소중한 나에게
_____
_____
_____
_____
_____
_____
_____
_____

나가는 말

포기하지 않는다면 반드시 나아질 수 있습니다

여러분에게 우선 큰 박수를 보냅니다. 이 책은 사실 쉽게 풀 수 있는 워크북이 아닙니다. 주제 역시 마주하기 어렵습니다. 그럼에도 여러분은 어려운 과제를 마침내 해결해낸 거예요. 스스로를 열심히 바라보고 더 자유롭고 진실하게 살 수 있도록 노력한 점을 칭찬하고 싶습니다.

자랑스러워하세요. 이 책을 선택했다는 것만으로도 여러분은 자기애와 자존감을 지녔으며 자기 관리를 실천하고 있다는 뜻이니까요.

여러분 중엔 나르시시스트와 가까이 지내며 마음이 많이 다친 분들도 계실 겁니다. 하지만 여러분은 이 책에서 여태껏 살아온 삶보다 훨씬 더 나은 삶으로 나아갈 수 있는 지식과 정보, 그리고 기술을 얻었습니다. 물론 변화에는 시간이 걸립니다. 그러니 포기 말고 책에서 배운 걸 계속 실천하면서 인내하길 바라요. 책에 직접 쓴 문제의 답변과 체크리스트들을 자주 들여다보며 스스로 세운 목표를 상기하세요.

자아도취적 학대의 피해자들이 나르시시스트에게 고통받고 있는 중이어도 주변의 다른 사람들은 알아차리지 못합니다. 이런 은밀하고도 개인적인 유형의 학대는 특별한 치유와 회복 과정이 필요하지만 이를 전문적으로 치료해주는 치료사나 상담사를 찾는 게 어려울 수도 있습니다. 다행히 자아도취적 학대에서 살아남은 사람들이 목소리를 높이고 있고 전문가들의 수도 많아지고 있어요. 나르시시즘과 정서적 학대에 대한 연구와 관심이 늘어날수록 피해자들의 목소리도 더욱 커지고 함께 회복할 기회가 많아졌으면 좋겠습니다.

지속적인 치유의 여정을 위해 최선을 다하고 회복을 위해 가능한 한 많은 방법들을 찾으세요. 그리고 강해지세요. 경계를 유지하고 자주 재충전할 시간을 가지면 좋습니다.

앞으로도 잘 해낼 수 있어요. 응원합니다!

감사의 말

제게 찾아와준 소중한 내담자들 덕분에 자아도취적 학대에 관한 글을 쓸 수 있었습니다. 치료사와 코치로 일하면서 저는 얼마나 많은 사람이 인간관계로 힘겨워하며 도움을 바라는지 알게 되었습니다. 치유 여정을 함께할 수 있게 허락해준 분들을 통해 자아도취적 학대가 얼마나 널리 퍼져 있는지도 깨닫게 되었습니다. 그분들께 감사의 말을 전합니다.

 마지막으로 자아도취적 학대의 피해자들을 위해 일하고 있는 다른 전문가들에게도 감사 인사를 드립니다. 여러분과 협력해 지혜를 나누며 이 독특하고 음흉한 유형의 학대를 이해할 수 있었고, 더 많은 학대 피해자들을 도울 수 있었습니다.

추천도서

자아도취적 학대의 다른 측면들을 탐구하는 유용한 책들이 많습니다. 그중에서도 《너 내가 누군지 몰라?: 나르시시즘, 특권, 무례한 시대에 제정신을 유지하는 방법 Don't You Know Who I Am?: How to Stay Sane in an Era of Narcissism, Entitlement, and Incivility》(Post Hill Pr, 2019)을 강력하게 추천합니다. 나르시시즘과 권리, 무례가 소용돌이치는 이 시대에 제정신을 유지하는 방법을 다룬 책으로, 나르시시즘 전문가 라마니 S 두르바술라 박사 Dr. Ramani S. Durvasula가 저술했습니다. 이 책에서 박사는 자아도취적 행동이 무엇인지, 그리고 그것이 최근 몇 년 사이 널리 세상에 퍼지게 된 이유를 자세하게 설명합니다.

옮긴이 **양소하**

언어가 좋아 대학에서 영문학과 일문학을 전공하고 도쿄일본어학교를 졸업했다. 외국계 기업에서 근무했고 현재는 서울중앙지방법원 소속 통번역 지정인으로 통번역 일을 이어가고 있다. 글밥아카데미에서 영어 및 일본어 출판 번역 과정을 수료한 뒤에는 바른번역 소속 번역가로도 활동 중이다. 옮긴 책으로는 《책대로 해 봤습니다》, 《그게, 가스라이팅이야》, 《우리가 원하는 대로 살 수 있다면》, 《나의 하루를 지켜주는 말》, 《운의 시그널》, 《그게, 선 넘은 거야》, 《데일리 크리에이티브(공역)》, 《일본의 다섯 공주 이야기》, 《Future Tense》(근간) 등이 있다.

그게, 나르시시스트 맞아

초판 1쇄 발행 2023년 9월 18일
초판 2쇄 발행 2023년 12월 11일

지은이 브렌다 스티븐스
옮긴이 양소하
펴낸이 변민아
편집인 박지선, 서슬기
마케터 유인철
디자인 오성민
인　쇄 책과6펜스(안준용)

펴낸 곳 에디토리
출판등록 2019년 2월 1일 제409-2019-000012호
주소 경기도 김포시 북변중로 65번길 4, 2층 에디토리(북변동)
전화 031-991-4775 | **팩스** 031-8057-6631
홈페이지 www.editory.co.kr
이메일 editory@editory.co.kr
인스타그램 @editory_official

Copyright 브렌다 스티븐스, 2023
ISBN 979-11-93327-00-5 (03180)

- 책값은 뒤표지에 있습니다.
- 파본은 구입하신 서점에서 교환해드립니다.
- 이 책은 저작권법에 의하여 보호를 받는 저작물이므로 무단 전재와 복제를 금합니다. 이 책의 전부 또는 일부를 재사용하려면 반드시 에디토리와 저작권자의 동의를 받아야 합니다.

판형 150x212mm | **표지종이** 아르떼 울트라화이트 210g | **본문종이** 백색모조 100g
제본방식 무선제본 | **표지후가공** 써멀무광라미네이팅, 부분 에폭시